교육을 바꾸는 힘은

위에서 떨어지는 지시가 아니라,

교사·학생·학부모·시민이

서로를 신뢰하며

민주주의를 배우고 실천할 때

비로소 생겨난다는 믿음이다.

성광진 교육 칼럼집

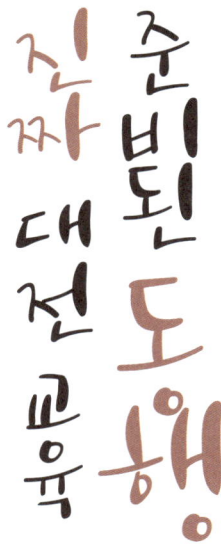

축하글

사) 청암 송건호 선생 기념사업회 이사장
김 병 국

**성광진 소장님의 귀한 저서 출간을
진심으로 축하합니다.**

교육자로서 오랜 시간 우리 교육이 마주한 질곡과 부조리를 깊이 성찰해 온 헌신적인 노력에 경의를 표합니다.

소장님은 32년의 중·고교 교사 재직 경험을 바탕으로 학교 현장을 누구보다 깊이 이해하고 있으며, 1989년 전교조 결성에 힘을 보태고 사립학교 비리 척결, 무상급식 등의 개혁을 위해 노력한 교육개혁의 선구자입니다. 또한 대전충남양심수후원회, 대전참여자치시민연대, 대전충남민주화운동기념사업회 등의 여러 단체에서 활동한 시민운동가이기도 합니다.

이번 저서에서는 우리 교육의 가장 큰 문제인 과도한 입시 경쟁과 학벌주의를 해소하고, 경쟁 만능의 교육을 완화하여 학생들이 협력과 상생의 관계를 만들 수 있도록 근본적인 개혁이 필요함을 역설하였습니다.

소장님은 현 교육 시스템이 대학 입시제도에 의해 좌우되는 현실을 비판하며, 2028 대입 개편 시안이 내신과 수능 모두에서 상대평가를 유지하며 획일적인 줄 세우기 경쟁을 변화시키지 못한 퇴보라고 날카롭게 지적하였습니다. 또한, 교사들의 수난과 교권 추락 문제에 깊이 우려를 표하며, 교사들이 모든 잡무로부터 해방되고, 학생, 학부모와의 관계 회복을 통해 학교를 행복하게 만들어야 한다고 강조하였습니다.

  나아가 AI 시대에 기본 교육의 중요성과, 독서에 의해 좌우되는 문해력을 길러야 함을 역설하고, 학교가 민주주의의 장이 되어 학생의 정치적 자유를 보장해야 한다고 주장하는 등, 우리 교육이 나아가야 할 방향을 폭넓게 제시o하고 있습니다.

  이 책이 교육 위기를 극복하고 새로운 교육의 시대를 여는 귀한 길잡이가 되기를 기원하며, 소장님의 앞날에 무궁한 발전이 있기를 바랍니다. 다시 한번 출간을 축하드립니다.

축하글

전교조 대전지부장

신 은

괴물 같은 학교에서 길을 찾는 법

수년 전 〈학교라는 괴물〉이라는 책을 읽은 적이 있습니다. 당시에는 다소 자극적인 제목이라고 생각했습니다. 설마 학교가 '괴물'일 리가 있겠냐고 말입니다. 그러나 요즘의 학교 현실을 마주하다 보면, 그 표현이 결코 과장이 아니었음을 자주 실감합니다.

우리 교육 현장은 어떤가요? 교육의 본질은 희미해지고, 학교는 치열한 경쟁과 끝없는 민원 속에서 숨 가쁘게 돌아가고 있습니다. 구성원들의 이해관계는 복잡하게 얽혀 있어 어디서부터 손을 대야 할지 막막할 때가 많습니다. 공립유치원은 줄어드는 원아 수 앞에서 사립유치원과의 경쟁에 지쳐가고, 초등학교는 교실 수업과 교권을 흔드는 악성 민원에 흔들립니다. 중학교 교사들은 늘어난 수업 시수와 학생 생활지도에 매일이 소모전입니다. 고등학교는 내신과 입시, 그리고 고교학점제가 남긴 혼란 속에서 여전히 고통을 겪고 있습니다.

이 책은 해결의 실마리가 보이지 않는 이러한 교육 문제들을 차분히 마주하게 합니다. 대전 교육 현장에서 교사로 오래 일하면서 대전 교육을 바꾸고자 애썼던 저자는 직접 경험하고 토론하며 모색해 온 현실적인 대안을 제시합니다.

논의의 폭은 넓습니다. 사소한 균열부터 구조적 문제까지 한 자리에서 마주합니다. 영유아 교육에서부터 2028 대학입시 개편, 교장 승진제도, 교사-학부모 관계에 이르기까지 현안을 종합적으로 살핍니다.

또한 해법은 디테일을 놓치지 않습니다. 마을교육공동체를 강화하여 학교가 지역과 함께 아이들을 돌볼 수 있는 모델을 제안하고, 과학도시 대전의 특색을 살린 우수한 과학교육 프로그램 개발의 필요성도 강조합니다. 더 나아가 지역 청소년의 진로 탐색과 취업을 돕는 '직업교육원' 또는 '직업교육지원센터' 설립 방안도 제시하고 있습니다. 교육 현장을 알고 고민해 본 사람이 할 수 있는 이야기입니다.

조급하지 않게 읽어가다 보면, 괴물처럼 보이던 학교 속에서도 다시 희망을 떠올리게 하는 지점들이 보일 것입니다. 대전 교육이 바뀌길 희망하는 분들의 일독을 권합니다.

축하글

대전시민사회단체연대회의 공동대표
양심과 인권나무, 대전충남녹색연합 상임대표
문 성 호

성광진 선생님이 보여줄 대전교육의 미래에
아이들과 시민들이 기대하고 있습니다!

산다는 건 신비한 축복
분명한 이유가 있어
세상엔 필요 없는
사람은 없어 모두

마음을 열어요
그리고 마주 봐요
처음 태어나 이 별에서 사는
우리 손잡아요

재즈 가수 박성연의 〈바람이 부네요〉입니다. 답답하고 울적할 때 자주 듣습니다. 노랫말처럼 어느 환경이냐를 떠나서 태어났다는 것, 산다는 것은 놀라운 축복입니다. 이리 귀한 생명인데 어찌 쓸모없는 사람이 있겠습니까? 분명한 이유를 갖고 지구별에 왔을 텐데 말입니다.

그런데요. 이 반짝이는 생명이 학교에 들어가기 전부터 아니 학교 다니는 동안 행복하지 않습니다. 아이뿐만이 아니라 학부모님도 선생님도 힘들기는 마찬가지입니다. 배우는 것이 기쁨이 아니라 점점 등이 휠 것 같은 고통의 짐이 되고 있습니다.

교육의 목적이 민주시민의 양성이라고 하지만 정작 학교는 각자도생의 전쟁터입니다. 경쟁도 하기 전에 스스로 이생에서는 망했다는 낙인을 찍는 곳입니다. 공정한 경쟁이라는 포장된 능력주의는 실상 불공정한 게임이라는 것을 아이도 우리도 모두 알고 있습니다. 어쩌면 좋겠습니까. 이대로 아이들의 불행을 지켜보고만 있어야 할까요? 아이들의 웃음소리가 사라진 마을과 학교, 나라가 온전할 수 있을까요?

10월 1일 국가데이터처(옛 통계청)가 발표한 '아동·청소년 삶의 질 2025' 보고서에 따르면 '극단적 선택' 학생 지난해 221명 역대 최대로 "조기 개입 절실"하다고 했습니다. 학교와 교육에 대한 근본적인 개혁 없이 죽어가는 아이들을 살릴 수 없습니다.

준비되고 행동하는 교육 전문 활동가가 요구되는 시대입니다. 대전교육연구소 성광진 소장님은 사립학교개혁을 요구하다 권위주의적이고 비민주적인 학교에서 네 번의 해고와 복직을 겪으면서 초·중등교육의 문제점이 무엇인가를 누구보다 온몸으로 뼈저리게 잘 알고 있습니다.

성광진 소장님은 지난 30여 년 지역사회에서 한결같이 대전 교육 개혁을 위해 노력을 해 왔으며 실천을 한 분입니다. 대한민국 교육의 난제와 12년간 침체 되어 있는 대전교육을 제대로 소생시킬 수 있는 사람은 성광진 소장님과 같은 교육 전문 활동가입니다.

2번의 낙마에도 다시 시민들의 선택을 요청 드리는 것은 엄혹한 시절의 전교조 비합법 시절부터 아이들에게 행복한 학교를 만들겠다는 약속을 지키기 위함이라고 알고 있습니다. 교육개혁 대장정에 나서는 대전교육연구소 성광진 소장님에게 존경과 감사를 드립니다. 성광진 선생님이 보여줄 대전교육의 미래에 아이들과 시민들이 기대하고 있습니다.

국민의 가슴에 총칼을 들이댄 12.3 내란의 혹독한 겨울 추위를 이겨내고 봄을 맞이했듯이 대전교육에도 빛의 혁명이 이루어지기를 진심을 담아 지지와 응원을 보냅니다.

목차

추천사 1 / 2 / 3　　　　　　　　　　　　　　　　　　　6

제1부 성광진, 행동으로 일군 교육 민주화의 길　　　19
교육 민주화를 위한 고난의 행군　　　　　　　　　　　22
교육 비리 척결과 시민 교육 운동의 확장　　　　　　　23
대전교육 혁신을 향한 두 번의 교육감 도전　　　　　　25

제2부 교육의 본질을 찾아서　　　　　　　　　　　　29
_ 교육의 공공성 회복과 교사의 교육권 보장을 위한 해법
실낱같은 기회조차 없는 임용고시, 어떻게 해야 하나　31
인공지능(AI) 교과서보다는 기본에 충실해야　　　　　34
하늘이가 남긴 숙제　　　　　　　　　　　　　　　　　37
도대체 교장은 왜 그럴까?　　　　　　　　　　　　　　40
교권회복, 결국 해결책은 관계의 회복이 아닐까?　　　44
정답은 교사들이 갖고 있다　　　　　　　　　　　　　48
법령 보완하고, 학부모와 거리두기로 문제 해결될까?　52
AI시대, 학교도서관이 소중하다　　　　　　　　　　　55

제3부 미래를 위한 학교교육의 담대한 전환　　　　　　59
_지역 인재 육성과 사회 시스템 개혁

직업교육을 살려야 한다　　　　　　　　　　　　　　　61
대전을 과학교육의 메카로 만들자　　　　　　　　　　64
저출산이 입시경쟁을 낮출 거라구요?　　　　　　　　66
지금 나라를 쇠락하게 하는 것은 무엇일까?　　　　　69
진정한 국제교류를 위해 외국어고를 개편하자　　　　72
이주배경학생은 크게 늘었는데, 이대로 괜찮은가요?　75
학교의 담을 넘어 더불어 교육　　　　　　　　　　　　79
지역개방학교　　　　　　　　　　　　　　　　　　　　82

제4부 사회 정의와 민주주의 시대정신을 반영한 교육의 역할   85

우리 학생들이 민주주의의 소중함을 배워야 한다	87
미래가 뒷걸음쳤다! '2028학년도 대학입시제도 개편 시안'	89
의대 입학정원 확대와 무전공 선발이 좋기만 할까?	94
'묻지마 의대' 쏠림 현상과 '건폭' 논란	97
교육 개혁의 선결 조건은 무엇인가?	101
수능 킬러문항 탓만 할 때인가..교육개혁의 두 기억	104
교육계 보수와 진보, 이제 손을 맞잡아야 한다	108
왜 교육은 핵심 공약에서 배제되고 있나?	112
위기에 놓인 고교무상교육	115
인성교육과 학생인권조례가 존재해야 하는 이유	118
학생의 정치적 자유를 보장해야 한다	121
촛불광장에서	124
국헌 문란의 단죄, 민주주의의 산교육으로	127
사법부의 정의는 어디에 있는 것일까?	130
대통령에게는 그토록 가벼운 이주호 교육부장관	133
과연 영유아 교육의 획기적 전기가 마련될 것인가?	137
불신시대의 파수꾼 '디트뉴스'	140

제5부 대전교육 혁신을 위한 세 번째 도전!	143
_성광진의 정책과 비전	
성광진, 세번째 대전교육감 출마. "마지막 도전"	145
[인터뷰] 성광진 "시대 역행 대전교육청, 지시·감독 아닌 철저한 지원으로 바꿀 것"	147
[인터뷰] 성광진 대전교육감 후보 "청렴한 대전교육 만들겠다"	163
성광진 소장, 2026년 대전교육감 3번째 출마 결심은?	171
[대담] 성광진 대전교육연구소장 "행복한 평생교육도시, 시민과 함께 만들겠다"	172
[인터뷰] 성광진 대전교육연구소장 "대전 교육, 권위주의 행정 벗고 학교 지원 중심 바꿔야"	175
[충남일보가 만난 사람] 성광진 대전교육연구소장 "권위주의, 관료주의적 지역교육 변화 절실"	182
성광진 "두 번 실패 좋은 학습, 준비된 교육감"	186

에필로그   190

성광진,
행동으로 일군
교육 민주화의 길

1

성광진은 1957년 12월 18일 충청남도 홍성에서 태어났습니다. 초등학교 2학년 무렵, 자녀 교육을 위해 대도시 이주를 택한 부모를 따라 대전으로 이사하였으며, 동구 정동과 삼성동에서 주로 거주하면서 삼성초등학교와 중앙중학교를 다녔습니다.

그는 학창 시절 성적이 그다지 좋지 않았고, 또래 아이들처럼 노는 것을 즐겼습니다. 재수 끝에 대전고등학교에 입학할 정도로 학업 성적이 뛰어난 편은 아니었지만, 집 근처 중고책 서점에서 주로 소설을 탐독하며 책을 손에서 놓지는 않았습니다.

그의 교육 철학의 동기는 바로 이 시기에 형성되었습니다. 그는 성적이나 대학 진학을 위한 강제적인 공부가 아니라, 학습에 흥미와 즐거움을 느낄 때 비로소 지적 능력이 향상되고 미래를 위한 준비가 가능하다는 생각을 하게 되었습니다. 그는 성적 중심의 과도한 경쟁을 수단으로 삼는 교육 방식을 학교 교육의 대표적인 폐단으로 여기기 시작했습니다.

문학도를 꿈꾸던 시절이었기에 숭전대(현 한남대) 국어국문학과를 선택했으며, 아이들과 더불어 문예적 활동을 하고 싶어 교사의 길을 걷기로 했습니다. 1985년 대전북고등학교 국어교사로 교직 생활을 시작한 이 길은, 이후 2017년까지 32년간 학생들을 가르치는 평생의 소명이 되었습니다.

교육 민주화를 위한
고난의 행군

　교사 생활을 시작하면서 그는 사학법인의 부당한 전횡을 목격하게 되었습니다. 교육 현장의 부조리를 가만히 지켜볼 수 없다는 비판적인 성향 때문에 학교 이사장이나 교장과 잦은 마찰을 겪었으며, 법인의 지나친 간섭이 목격될 때마다 쓴소리를 내뱉었습니다. 그 결과 3년 만에 징계성 전근으로 대전북중학교로 옮겨야 했습니다.

　이러한 경험은 그에게 개인의 힘이 아닌 단체의 필요성을 절감하게 했습니다. 민주화의 시대적 흐름 속에서 그는 교사들이 뭉쳐야 한다고 생각했고, 1988년 대전사립중등교사협의회 조직부장을 맡으며 교사 노동 운동에 앞장섰습니다. 이는 곧 전국교직원노동조합(전교조) 활동으로 이어졌습니다.

　그는 교육민주화운동에 참여했다는 이유로 시련을 겪었습니다. 1992년 대전북중학교 재직 중 '전교조 해직교사 복직과 교육대개혁을 위한 교사선언'에 참여한 사실이 알려져 1993년 해임 처분을 받았습니다. 해임 이후 법적 대응에 나섰지만, 법원 판결로 복직된 뒤에도 또 다른 이유로 해임되는 일이 반복되었습니다. 그는 4번의 해직과 복직을 거듭하는 고난을 겪으며, 1993년부터 1997년까지 6년간 복직 투쟁을 이어가야 했습니다. 학생들의 품으로 돌아가야 한다는 간절한 염원과 교육민주화에 대한 신념 덕분에, 그는 1998년 대전중학교로 특별 복직할 수 있었습니다.

교육 비리 척결과
시민 교육 운동의 확장

　1999년 전교조가 합법화된 후, 그는 전교조 대전지부 초대 사무처장을 지냈으며, 2005년에는 전교조 대전지부장으로 당선되어 활동의 폭을 넓혔습니다.

　그는 사학재단 및 교육청의 각종 비리에 강하게 투쟁하여 변화를 관철시킨 교육비리 척결자로 불립니다. 성광진은 특히 정의롭지 못한 구조를 바로잡겠다는 의지를 바탕으로, 1998년부터 2002년까지 서대전여고, 호수돈여고 등 학교법인의 비리 및 부당 인사 투쟁을 선도했습니다. 혜정학원(청란여중·고) 부패 재단 비리 척결 투쟁 대책위원회 집행위원장 등을 역임하기도 했습니다.

　또한, 그는 사립학교 교원들의 권익 향상을 위해 헌신했습니다. 경영자의 전횡에 시달리던 사립학교 교원들의 교권 향상을 위해 비리 사학재단과 싸웠으며, 2006년에는 전국 최초로 19개 사학법인들과 단체교섭을 체결하여 사립학교 교원들의 교권을 향상시키는 성과를 거두었습니다.

　성광진의 교육운동 영역은 소외 계층의 교육권 보장을 위한 활동으로 넓게 확대되었습니다. 2005년 장애인단체, 시민, 학부모들과 함께 대전장애인교육권연대를 창립하여 공동대표로 활동했습니다. 이를 통해 일반학교에 특수학급을 확충하고 장애인 교육 예산을 확보하여 장애 학생들에게 평등한 교육 기회를 제공하는 데 앞장섰습니다.

공공성 강화와 보편적 교육 복지를 실현하려는 목표 아래, 그는 2005년부터 '학교급식지원 조례제정 주민발의를 위한 대전시민연대' 상임대표를 맡아, 대전지역 최초로 주민발의를 통해 구청의 친환경 급식 지원에 관한 조례 제정을 추진하며 무상급식의 토대를 마련했습니다. 또한 경제적 격차로 인한 교육 양극화를 해소하기 위해, 2006년에는 '지역교육격차해소를위한대전시민연대'를 발족하여 동서 간 교육격차 해소를 위해 노력하였습니다.

현직 교사로서는 처음으로 6년간 (2008년부터 2013년까지) 대전참여자치시민연대 공동의장을 맡아, 지역 권력 기관을 시민의 눈으로 감시하고 견제하는 활동을 펼쳤습니다. 이는 교육 현안 해결을 위해서는 지역 시민 사회와의 협력이 필요하다는 인식에서 비롯된 활동이었습니다. 이후 '대전마을교육공동체포럼'을 창립하여 공동대표 등을 맡으면서 지역사회와 교감하며 교육운동의 지평을 끊임없이 넓혔습니다.

2006년에는 교육의 공공성을 강화하고 신자유주의 교육 정책에 맞선 대안을 마련하려는 목적 하에, 현장 교사들이 중심이 된 사단법인 「대전교육연구소」 창립을 주도하였고, 2016년부터는 소장으로 활동했습니다. 「대전교육연구소」는 대전 동·서부 교육격차 해소를 위한 연구 및 학교 교육 실태, 교육환경 개선방안, 코로나19 사태 이후 교육 방향 등을 연구하며 지역 교육계의 현안 해결을 위한 다양한 활동을 통하여 대전지역 교육개혁의 중요한 역할을 수행해 왔습니다.

대전교육 혁신을 향한
두 번의 교육감 도전

성광진은 32년간 교육 현장과 시민사회단체에서 쌓은 실천 활동과 신념을 바탕으로, 권위적이고 관료화된 교육계를 변화시키고 개혁해야 한다는 사명감과 책임감을 느끼며 2017년 교직에서 명예퇴직하고 대전교육감 선거에 도전했습니다.

그의 교육감 도전은 단순히 개인의 바람이 아니라, 대전교육의 권위주의적이고 관료주의적인 시스템을 개혁하고, 대전교육 변화를 원하는 학생, 교사, 학부모, 시민들의 바람을 실현하고자 하는 강한 의지에서 비롯되었습니다. 그는 교육감을 단순한 행정가가 아니라, 현실 문제를 파악하고 미래를 내다보며 교육 정책 방향을 설정하는 선구자가 되어야 한다고 강조했습니다.

성광진은 2018년 6월 13일에 치러진 제7회 지방자치선거에 교육감으로 출마했습니다. 그는 30년 이상 학교 현장을 잘 아는 전문가로서, 관료화된 교육계의 문제점을 변화시키고 대전교육의 개혁을 이끌 적임자라고 생각했습니다.

"근본적인 변화와 개혁을 위해서는 혁신이 필요하고, 혁신을 위해서는 권위적인 구조를 깨트릴 수 있는 의지가 필요한데 그 의지가 진보교육감을 필요로 하고 있다"며 자신이 출마할 수밖에 없는 이유를 밝혔습니다. 당시 현직 보수 교육감의 교육행정은 무사안일에 갇혀 변화의 의지를 볼 수 없었으며, 학생들과 교사들 중심의 내실 있는 교육행정을 생각하지 않고 겉치레와 형식에 치우친 행정이라 비판하였습니다.

마침내 그는 대전지역 111개 시민사회단체로 구성된 '대전교육희망2018'로부터 대전 민주진보교육감 단일후보로 선정되었습니다. 당시 현직 교육감과의 대결해서 47% 득표율을 보였지만 낙선의 쓴 잔을 마셨습니다.

그는 2022년 6월 1일 제8회 지방자치 교육감선거에 다시 한번 도전했습니다. 시민들의 교육 혁신에 대한 기대에 다시 부응하기 위해 재출마를 결심한 것입니다. 성광진은 현 대전교육감의 임기 내 교육행정을 '무능하고 권위주의적인 전시행정의 표본'이라 강하게 비판했습니다. 특히 교육행정의 핵심은 학생들 교육을 위한 교사들의 활동을 적극 지원하는 것인데, 대전교육은 이 핵심이 거꾸로 되어 교육청이 교사와 학생들 위에 군림하여 지시·전달하는 행정을 하고 있다고 지적했습니다. 또한 '대전교육청은 국민권익위원회 청렴도 평가에서 오랫동안 최하위권을 맴돌 정도로 문제가 심각한데도 별다른 해결책 없이 헤매고 있다는 점'을 주요 출마 이유로 꼽았습니다.

그는 대전교육의 오래된 관행과 문제점을 해결하고 전반적인 교육개혁을 위한 각오를 새롭게 다지면서, 교육청을 지시·감독 기관이 아닌 교사·학생의 교육활동 지원 기관으로의 탈바꿈을 약속하고, 교직원회의와 학생회를 활성화하여 학교를 민주주의 교육의 장으로 만들겠다고 했습니다. 또한 교사들이 불필요한 잡무에서 벗어나 질 높은 수업을 위한 연구 활동에 전념할 수 있도록, 형식적인 전시성, 실적 위주의 각종 시범·선도·모델·연구학교를 폐지하거나 대폭 축소하겠다고 공약했습니다.

낮은 청렴도 및 교육 비리 문제 해결을 위해 시민감사관 운영 및 부패 비리에 대한 '원스트라이크 아웃제' 시행을 통해 투명하고 청렴한 교육행정을 실현하겠다고 밝혔습니다. 또 학부모 경제력의 차이가 학력 격차로 이어지는 동·서간 교육격차 극복을 위해서 경제력이 취약한 지역에 대한 지원을 확대하고, 지역사회와 함께 아이들의 다양한 교육활동을 지원하는 마을교육공동체를 활성화하겠다고 제시했습니다.

유일한 민주진보후보로 출마한 두 번째 교육감 선거에서 성광진은 30%의 득표율을 얻었으며, 두 번째 쓰라린 패배의 잔을 마셨습니다. 그는 두 번에 걸친 낙선으로 대전지역에 교육개혁의 깃발을 세우는 데 실패했지만, 연속된 도전과 좌절의 과정은 교육개혁을 위한 성광진의 신념과 노력을 꺾을 수는 없었습니다. 그 과정 속에서 그는 대전교육 혁신을 갈망하는 교사·학생·학부모들의 목소리를 다시 한 번 확인할 수 있었으며, 축적된 경험으로 통해 더욱 구체화되고 풍부한 정책 역량을 축적하게 되었습니다.

성광진은 이제 세 번째 도전을 합니다. 비록 두 번의 실패를 겪었지만, 그는 알고 있습니다. 실패하면서 학습하는 것이 더욱 알차게 단련하는 교육의 모습이라는 것을.

2025. 11.

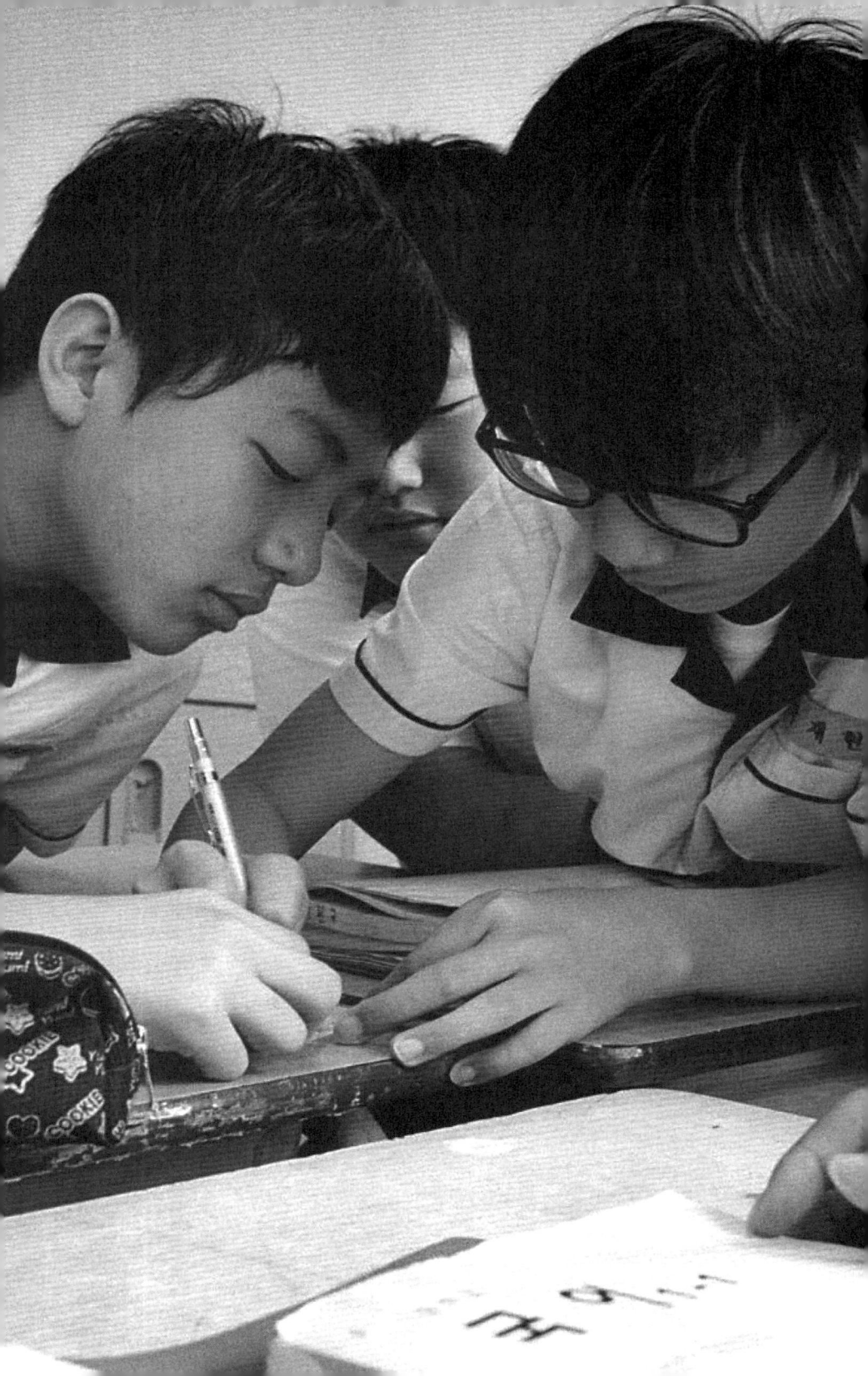

교육의 본질을 찾아서 2

교육의 공공성 회복과
교사의 교육권 보장을 위하여

실낱같은 기회조차 없는 임용고시, 어떻게 해야 하나

'공립중등 국어·영어교과 모집 인원 전무'
해마다 연말이 되면 초조해지는 것은 입시수험생만이 아니다. 예비교사들도 임용시험 준비로 애가 탄다. 여러 차례 실패한 응시생의 마음은 헤아리기 어려울 정도로 힘들 것이다. 올해 대전지역의 공사립 중등교사 임용시험은 1차 시험이 11월 23일 실시될 예정이다. 대전시교육청 공고에 따르면 원서 접수결과 공립중등교사는 45명 모집에 479명이 지원하여 평균 10.61, 사립중등교사는 1지망 기준 68명 모집에 377명이 지원하여 평균 5.51의 경쟁률을 기록했다고 한다.

그런데 이번 원서접수 결과를 보면 지난해와 마찬가지로 공립중등학교 국어와 영어 교과의 모집인원이 아예 없다. 재작년 국어교과는 1명만 뽑았다. 대전지역의 공립중등학교에서 국어나 영어교사를 하고 싶은 예비교사에게 실낱같은 기회조차 없는 것이다. 다만 사립중등학교에서만 국어 8명 영어 1명 모집이 있고, 충남지역에서 47명의 국어교사를 모집한다고 하니 조금 숨통이 트일 듯하다. 하지만 충남은 영어를 선발하지 않는다. 2011학년도 공립중등시험에서 국어는 17명, 영어는 22명을 선발했지만, 2014학년도 시험에서는 국어가 10명, 영어가 10명으로 줄어들기 시작하면서 매년 모집 인원이 줄어들어 아예 모집이 사라져버린 것이다.

가장 많은 교사를 선발했던 국어와 영어 교과는 공립중등에서 왜 기회조차 주어지지 않게 되었을까? 이들 교과는 해마다 정년 또는 명예퇴직 등으로 빈자리가 꽤 많이 생기지만, 저출산으로 인한 학령인구가 너무 빠른 속도로 줄어든 탓이 크다. 또 다른 이유로는 2018년부터 시행된 개정 교육과정으로 인해 국어, 영어, 수학의 3대 주요 교과의 수업시수가 줄어든 요인도 있을 것이다.

현재 중·고교 교사를 양성하는 중등교원양성기관은 사범계 학과와 일반학과 교직과정, 교육대학원 등으로 나뉘어 있다. 사범계 학과의 경우에는 졸업자에게 교사자격증을 지급하지만, 일반학과의 교직과정은 학과 정원의 5%로 교사자격을 제한하고 있어 그 숫자가 과거보다 크게 줄었다.

대전지역의 사범계 국어교육과의 2025년 신입생 정원만을 살펴보면 A 대학 29명, B 대학 15명, C 대학 31명 등 75명의 예비교사가 양성된다. 또, 일반학과 교직과정 이수자와 교육대학원 졸업자 등을 합치면 매년 100여 명의 국어과 예비교사가 탄생한다. 거기에 매년 배출된 수백 명의 예비교사가 적체되어 있다. 일반학과 교직과정을 2017년 학과 당 5%로 제한하고, 사범계학과의 정원을 줄여왔어도 수요에 비해 공급이 턱도 없이 많았다. 이런 상황을 그대로 방치하는 대학이나 교육정책 당국이나 다 비난받아 마땅하다.

지금 매년 배출된 예비교사들은 각고의 고통을 겪으며 임용시험에 매달리고 있다. 좁디좁은 임용경쟁을 통과하기 위해 대학에 입학하자마자 시험공부에 매달리는 상황이 될 수밖에 없고, 여러 번 실패를 거듭하다 청춘을 잃어버리기도 한다. 젊은 시절에 추구해야 할 소중한 경험과 가치를 제쳐두고 오로지 시험에 매달리는 예비교사들을 생각하면 마음이 아리다. 이런 상황이 지금 1991년 중등교사임용시험이 도입된 이래 지금까지 지속되고 있다.

그렇다면 지역에서라도 대책을 마련해야 한다. 우선 사범계 대학 협의체를 만들어 정원부터 줄여야 한다. 지역 대학별로 사범계열 특성화로 과목을 통합하는 것이다. 국어교육과를 예를 들면 대전지역 3개 대학에 설치된 것을 1개 대학으로 통합하는 것이다. 물론 입학 정원도 30명 이내로 한정해야 한다. 대신에 다른 대학에는 영어나 수학 등의 다른 교과를 통합하여 설치하는 것이다. 이렇게 하면 대학은 우수한 신입생을 뽑을 수 있고, 지역 경쟁률을 조금이라도 완화시킬 수 있다. 다른 지역에서 온 응시자는 지역 가산점으로 어느 정도 차단 효과를 볼 수 있다고 본다. 교육공무원 임용후보자 선정 시험규칙에 보면 가산점 규정을 두고 있고, 적용기준 및 방법 등은 시·도교육청 소관사항이기 때문이다. 경쟁이 적절한 수준을 넘어서면 지나치게 과열되면 그 치열함으로 인간적인 삶조차 무너질 수 있다. 인간을 보다 잘 이해하고 사랑할 줄 아는 교사를 맞이하기 위해서는 예비교사의 지나친 경쟁 부담을 줄여주어야 한다.

디트뉴스24 [성광진의 교육통(通)] 2024.12.10.

인공지능(AI) 교과서보다는 기본에 충실해야
– 지금 필요한 것은 협의와 토론의 교실 수업

세계 최초로 도입되는 인공지능(AI) 교과서는 과연 우리 교육을 혁신으로 이끌 것인가? 과연 교육부장관이 호언한 대로 '잠자는 교실을 깨우는 교실혁명, 디지털 기반 교육혁신'을 가져올 것인가?

이주호 장관의 말대로 된다면 좋겠지만, 이 정책은 기대보다 걱정이 더 크다. 교육부는 인공지능(AI) 교과서 도입이 디지털 기반 교육혁신을 이루자는 것이라고 한다. 또 학생들의 미래 역량을 키워주기 위해 수업을 혁신하는 것이라 주장한다. 지난 7월부터 '선도교사 연수 과정'을 운영했고, 그 과정에서 학생 개인 맞춤형 수업이 가능하다는 것을 발견했다는 것이다.

그런데 우리 교육계는 2020년부터 팬데믹 시대에 디지털을 이용한 학습이 일상화하는 경험을 통해 부작용이 많다는 사실을 깨달았다. 지난 6월 17일 교육부가 발표한 '2023년 학업성취도평가 결과'에 따르면 고등학교 2학년 학생의 경우, 수학의 기초학력 미달 비율이 16.6%로 2019년(9.0%)보다 7.6%포인트 상승했다. 국어 기초학력 미달 비율은 8.6%로 2018년(3.4%)의 두 배 이상이었다. 기초학력 미달 비율이 크게 늘어난 것이다. 이 학생들은 중학교 2학년 때부터 두 해 가까이 디지털을 이용한 비대면 원격수업을 한 세대이다.

교육부는 인공지능(AI)교과서를 내년 3월부터 학교 현장에 도입하여 학생 수준별·맞춤형 교육을 실시하여 교육의 효과를 높이겠다고 한다. 그러나 디지털기기의 과다 사용이 아이들의 인지 발달을 방해하고 다양한 심리 문제를 가져올 수 있다는 것은 팬데믹 시대를 거치며 모두가 공감하게 되었다. 또 전자책과 같은 디지털기기 사용이 종이책으로 공부할 때보다 집중력이나 문해력이 떨어진다는 것도 각종 연구를 통해 널리 알려진 사실이다.

　우리 학생들에게 지금 필요한 것은 협의와 토론의 방식으로 교실에서 수업하는 것이다. 교사와 더불어 대화하고 친구와 문제를 해결하는 소통과 협력의 교육이 더욱 중요한 시대이다. 학교와 교사가 필요한 이유가 여기에 있다.
　AI 교과서가 수준별 맞춤형 교육에 긍정적이라고 예단하지만 그 대상은 한정적이라고 본다. 자기주도적 학습 의지를 가진 학생에게는 가능할 수도 있겠지만 그렇지 못한 학생도 많기 때문이다. 도리어 디지털기기 과잉 노출로 인해 학생들의 디지털 중독 현상만 가속화할 수도 있다.

　문제는 또 있다. 교육부는 인공지능(AI) 교과서에 올해에만 5300여억 원을 쏟아 부은 것으로 알려지고 있으며, 앞으로도 천문학적인 세금을 퍼부을 수 있다는 것이다. 인공지능(AI) 교과서는 구독료를 지불해야 하는데, 종이책 교과서보다 다섯 배 이상 비용을 지출해야 한다고 한다. 현재 초·중·고 학생의 교과서 대금을 국가가 부담하고 있는데, 만약 인공지능(AI) 교과서를 보급한다면 교육예산의 다른 부문을 크게 줄여야 하는 상황이 온다. 지금 정부는 내년도 고등학교 무상교육예산 9400여억 원도 편성하지 않았다.

교육부는 인공지능(AI) 교과서 도입을 미루고 최소한 3~4년간 연구와 검증을 통해 나타난 결과를 바탕으로 교육주체들과 충분한 의견을 나누어야 한다. 이 정책을 인공지능(AI)이 앞선 선진국 어디에서도 추진하지 않는 것은 아무래도 교육의 본질과 거리가 있다고 판단하기 때문이라 추정한다. 우리 교육은 과거 1997년부터 최근까지 교단선진화라 하여 수조 원을 퍼부어 교실에 전자칠판과 컴퓨터, 프로젝션 TV, 실물화상기 등의 멀티미디어 교육 기자재를 배치하고 이를 자랑했지만, 정작 그 효과는 검증조차 되지 않았다.

도리어 핀란드, 독일 등 교육선진국의 교실을 방문한 교사들은 칠판 하나만 갖춘 교실에서 다양한 협력학습과 수준별 맞춤형 수업이 이루어지는 모습에 큰 영향을 받기도 했다. 교육에서 가장 중요한 것은 첨단기자재가 아니라 기본에 충실한 것이다. 따라서 신중하지 않으면 천문학적인 예산만 낭비하고 부작용만 커서 세계의 조롱을 받는 어리석은 정책이 될 수 있다. 그 예산으로 팬데믹 시대를 거치며 더욱 멀어진 교사와 학생의 관계회복을 위한 프로그램을 만들어야 하며, 디지털 중독에 빠진 학생들을 위한 방안을 마련해야 한다. 교육은 '백년지대계(百年之大計)'라고 하지 않는가. 우리의 미래에게 위험한 실험을 함부로 해서는 안 된다.

디트뉴스24 [성광진의 교육통(通)] 2024.11.06

하늘이가 남긴 숙제
_ 동료 교사 간 소통과 관계 형성도 필요

하늘이가 비명 속에 세상을 떠난 뒤에 남겨진 숙제를 찾아 해결하는 것이 교육계의 도리이다. 학교에서 벌어진 이 사건은 충격적이게도 교사에 의해 초등학교 1학년 어린이가 피살된 사건이기 때문이다. 그런데 이번 사건으로 인해 알려진 사실이 있다. 그것은 많은 교원이 현재 심리적 스트레스로 질병치료를 받고 있고, 특히 초등교원이 많다는 것이다.

국민건강보험공단 등에 따르면 지난 2023년 우울증 진료를 받은 초등학교 종사자는 9468명으로 1000명당 37명이나 된다. 지난해는 상반기에만 7004명으로 하반기 수치를 포함하면 전년도보다 훨씬 증가한 것으로 보인다. 이들의 정신질환 발생 위험이 일반직 공무원보다 2.16배 높았다는 최근의 연구 결과도 있다. 이렇듯 정신적으로 고통 받는 교사는 매년 늘고 있지만, 정작 이러한 문제를 해결하기 위한 노력은 거의 없었다는 것이 놀랍기만 하다.

지금 국회와 교육부, 그리고 시민사회단체가 '하늘이법'을 만들어야 한다고 목소리를 높이고 있다. 즉 정신질환을 앓고 있는 교사를 매년 전수 조사하여 적절한 조치를 해야 한다고 한다. 정신질환으로 인해 학습과정에서 끼칠 부정적 영향에 대해 생각해 보면 당연한 주장으로 들린다. 그렇다면 이 주장에 대해서 당사자 교사들은 어떻게 생각할까?

한 교사단체가 지난달 각급 학교 교사 8천여 명을 대상으로 온라인 설문조사를 진행하였는데 '모든 교사에게 주기적인 정신건강 검사를 실시하는 것'에 87.9%가 반대했다고 한다. 교사가 솔직하게 증상을 표현하지 않을 가능성이 높다는 이유에서다. 정신질환을 앓고 있는 교사를 찾아내겠다고 전수조사를 강제로 하면 치료가 필요한 공황장애, 우울증 등을 드러내지 못하는 상황을 걱정하는 것으로 보인다. 교사들의 주장대로 전수조사는 사기만 떨어뜨리고 실질적인 효과를 얻기 어려울 수 있다.

교육청은 유사 사건의 재발을 막기 위해 전조행위에 해당되는 기물 파손이나 폭력 등을 동반해서 물의를 빚는 교원을 신속하게 분리하여야 한다. 하늘이를 살해한 교사는 질환으로 인해 매년 병가와 휴가를 반복해왔다고 한다. 더욱이 이 교사는 학교 기물을 파손하거나 동료 교사에게 이해하기 어려운 폭력을 행사하기도 하였다. 그럼에도 조치는 미약했고 끔찍한 일이 벌어졌다.

교원의 정신건강 문제가 발생하면 상담 및 신고를 통해 사실 조사를 진행하여, 치료 지원이 필요할 경우 신속한 조치를 취해야 한다. 질병휴직위원회와 질환교원심의위원회 등의 상정 여부를 판단해 상황에 맞는 조치가 병행되어야 함은 물론이다. 또, 복직 시에는 교사의 회복 여부를 확인하는 검증 절차도 마련되어야 한다.

그런데 이 모든 것이 어느 정도 갖춰져 있었지만, 제대로 시행이 되지 않았기에 초유의 끔찍한 사건이 일어난 것이다. '정신질환 교원의 관리에 적절한 방안과 조치가 있었는지'와 '현재의 체계가 왜 제대로 시행되지 않았는지'에 대해 대전시교육청은 철저히 조사하여 진상을 공개하고, 어떤 방향으로 개선해야 할지 밝혀야 한다.

또 하나 중요한 것이 있다. 교원의 정신 건강 문제는 교육의 질과

직결되는 중요한 사안이다. 교원이 건강한 마음으로 가르치고, 학생이 안전하게 배울 수 있는 교육환경을 만들어야 하는 책무는 학교와 교육청에 있다. 교사는 아이들의 학업과 그들의 행동에 책임을 져야 한다는 의무감과 책임감을 갖고 살아가기 마련이다. 하지만 아이들의 학업을 다그쳐 수준을 높이려는 의지는 자칫 아동 학대라는 오해를 낳기도 한다.

가르치는 아이들 가운데 일부는 예측 불가한 행동으로 교사를 힘들게 하는가 하면, 학부모의 오해와 선입견도 심리적 압박 요인의 하나이다. 더욱이 초등 교사는 스트레스 상황에서 이를 나누거나 해소할 기회를 갖기가 어렵다. 쉬는 시간에도 각자 반에 머무는 상태에서 동료와 교류할 시간도 부족하기 때문이다.

교사의 정신 건강을 지키려면 동료 교사 간의 소통과 친밀한 관계 형성이 우선적으로 필요하다고 본다. 교사가 고립되면 심리적으로 고통받는 상황이 더욱 악화되기 때문이다. 앞으로 초등학교에서 교사 간 친밀한 관계 형성과 소통이 이루어질 수 있는 방안을 강구해야 한다. 당사자인 하늘이가 겪었을 공포와 고통을 생각해 본다.

파란 봄 하늘 아래 아름다운 삶을 펼쳐야 할 어린 꿈나무가 교사의 손에 끔찍한 일을 당한 것을 생각하며 교육자들도 차분하게 자신을 돌아보아야 할 것이다.

디트뉴스24 [성광진의 교육통(通)] 2025.05.06.

도대체
교장은 왜 그럴까?

　학생과 교사만을 바라보며 자기 책임을 다하는 교장을 보고 싶다. 학생 지도를 이유로 악성 민원에 시달리다 유명을 달리한 동료들로 교사들은 슬픔을 넘어 분노하고 있다. 교권 침해에 무방비로 놓여 있는 교사들은 자신들을 보호할 법과 제도의 개선을 우선적으로 요구하고 있다.

　그런데 악성민원인 만큼이나 교사들에게 욕을 먹는 사람들이 있다. 바로 학교 관리자로 불리는 교장과 교감이다. 대전에서 4년이 넘게 학부모의 악성 민원에 시달려 고통 속에 숨진 초등학교 교사가 원망했던 대상의 하나는 자신의 소속 학교 교장이다. 남기고 간 기록에 따르면 생활지도에 힘들어 학생을 교장실에 보냈지만 도리어 사태를 악화시켰다는 것이다. 교장이 학부모와 교사 사이에서 중재하여 원만한 합의가 이루어지길 바랐지만 그 반대로 간 것이다. 심지어 아동학대로 고소되기 전 학교 폭력 가해자로 지목돼 학교폭력대책자치위원회까지 열렸던 것으로 알려졌다. 이런 상황에서 교장에게 교권보호위원회를 열어달라는 교사의 요청은 묵살되었다고 하니, 무척 원망스러웠을 것이다.

　고 서이초 교사도 새내기교사였음에도 교장, 교감의 보호를 받지 못했다. 그들은 소속 학교 교사의 고통에 방관자처럼 보이기 일쑤였다. 대다수 교권 침해에서 교장과 교감이 역할에 최선을 다했다던 교사들이 그처럼 억울하다고 느끼지는 않았을 것이다. 초중등

교육법 제20조의 1항은 '교장은 교무를 총괄하고, 소속 교직원을 지도·감독하며, 학생을 교육한다'라고 되어 있다. 이는 교장이 학교에서 총괄적인 권한을 갖고 있으며 학생생활지도와 학부모 민원도 교장의 권한에 속한 것이다.

그렇다면 교장이나 교감은 왜 교권 침해에 소극적이거나 방관하였을까? 그것은 그들이 교장이 되는 과정을 살펴보면 그 행동 방식을 어느 정도 이해할 수 있다.

지난 4월 초 서울시교육청이 '중등 교장(감) 승진후보자 및 자격연수 대상자 선정 평점'을 현장 학교에 배포하여 공개하였다. 이를 토대로 교장이 어떻게 만들어지는 자리인지 살펴보자. 평교사가 교장으로 승진하기 위해서는 우선 교감이 되어야 한다. 학교에는 부장교사도 있지만, 이는 보직교사라 하여 고정된 직급이 아니다. 학교장의 인사발령에 의해 일정 기간 재직하다 평교사의 자리로 돌아가기 때문이다.

서울시 교육청이 공개한 통계를 보면 교감 승진후보자 개인평정 점수 평균은 204.9856점이다. 이 점수는 경력, 근무성적, 연수성적, 가산점을 모두 합한 것이다. 보통 경력점수는 70점, 근무성적 100점, 연수성적 30점, 가산점은 교육부가 지정하는 3.5점과 교육청별로 경력과 실적으로 최대 10점까지 줄 수 있다.

그런데 왜 소수점 아래 4자리 숫자가 나오는지 궁금하다면 '교육공무원승진규정'의 다음 내용을 보면 알 수 있다. "제4조(경력가산점) 경력가산점은 다음 각 항에 따라 평정한다. ①교육부장관이 지정한 연구학교(시범·실험학교 포함)에 교원으로 근무한 경력은 월 0.018점(일 0.0006점)으로 한다. 〈시행일 2022.4.1.〉"

이렇게 되면 일 단위로 근무한 소수점 아래 4자리 점수도 매우 중요하다. 이는 소수점 아래 4자리 숫자가 교감 승진 대상자가 되느냐를 결정할 수 있기 때문이다. 통계에 따르면 교감 승진 대상자 101명의 최고 점수는 205.5285점, 최저 점수는 203.4240점으로 나타났다. 합격 점수 간격대는 2.1045로 여기에 백여 명이 모여 있다는 것으로 그 치열함이 느껴진다.

모든 교사들에게 승진의 기회는 열려 있다. 일정한 근속연수만 되면 경력이 채워지고, 나머지 연수점수와 가산점도 노력에 따라 점수를 만들 수 있다. 그런데 연수점수와 가산점은 사실상 교육청이나 교육부가 사업과 정책을 추진하기 위한 방편으로 이용하고 있다.

여를 들자면 교원평가는 교사들의 반발이 많았던 정책이었다. 따라서 이를 밀어붙이려던 교육부는 전국에 시범학교를 지정하고 추진의 동력으로 삼았다. 교육부 시범학교에는 가산점이 붙기 때문에 불만이 있더라도 승진을 바라는 교사들에 의해 지정에 어려움이 없었다. 그리고 승진에 마음 급한 교사들이 이 학교에 몰려들 수 있는 것이다. 이렇게 승진을 미끼로 교육청과 교육부가 각종 사업과 정책을 밀어붙이는 것이 일반화되어 있다.

결국 학교는 승진이 급한 교사들을 위해서 일반 평교사들의 업무가 가중되는 각종 시범학교, 연구학교, 중점학교 등을 받아들일 수밖에 없다. 또 근무성적의 평가에 있어 교장과 교감이 차지하는 비중이 60%이므로 학교에서 교사들은 여기에 모든 것을 걸지 않을 수 없다. 경력과 연수성적, 가산점을 채웠더라도 승진의 고비에 도달하면 최근 5년간의 근무 성적이 모든 것을 좌우하는 것이다.

따라서 교장의 마음에 들기 위해 모든 노력을 다하지 않을 수 없다. 사실 교감도 자신의 근무성적 평가를 매기는 학교장에게 충성하지 않을 수 없다. 결국 학생 교육보다 승진점수 계산에 몰두하는 교사들로 인해 교사 간 위화감도 나타나고, 중진 교사들은 할 말을 제대로 하지 않는 학교가 되고 말았다. 이렇게 오로지 점수에 의해 이루어지는 승진체계 속에서 관료적인 학교가 만들어졌다.

더욱이 교장은 더 큰 학교로 가기 위해서, 또는 교육장과 같은 고위 교육 관료가 되기 위해 교육청에 잘못 보여서는 안 된다. 이렇게 교사 시절부터 수십 년간 점수 관리에 길들여진 교장은 보신주의와 무사안일주의에 빠질 수밖에 없다. 남는 것은 보여주기 실적과 행사로 자신의 능력을 보여주려는 모습밖에 없으니, 그런 교장 밑에서 교사들은 희생양이 될 수밖에 없다.

이런 상황에서 학교를 관리의 대상으로만 생각하는 교육청으로 인해 교사들은 더욱 생기를 잃었다. 이제 교사들은 인사제도의 혁신을 요구해야 한다. 학교 구성원이 존경하는 덕망 있는 교사가 교장에 선임되는 방안을 찾았으면 한다.

학교장을 보직교사처럼 학교 내 교사 가운데 선임하여 일정 기간 근무하고 다시 평교사로 돌아오는 방안이 있다. 이 방안은 '교장 선출 보직제'라 하여 과거 교사들 사이에서 가장 합리적인 방안으로 평가받았다. 앞으로 이 방안을 포함하여 인사제도 혁신안이 마련되어 오로지 학생과 교사만을 바라보며 자기 책임을 다하는 교장을 보고 싶다.

디트뉴스24 [성광진의 교육통(通)] 2023.10.17.

교권회복, 결국 해결책은 관계의 회복이 아닐까?
_ 학교가 달라져야 교육권도 지킨다

무려 3만 명이 넘는 교사들이 매주 토요일마다 서울에 모인다. 지난달 18일 서이초등학교 교사의 죽음을 계기로 주말마다 대규모 교사집회가 이어지고 있다. 성향상 서로 이질적인 교원단체들도 사상 처음으로 뭉쳤다.

지난 8월 12일에는 6개 교원단체 (한국교원단체총연합회, 교사노동조합연맹, 전국교직원노동조합, 새로운학교네트워크, 실천교육교사모임, 좋은교사운동)가 서울에 모여 집회를 열었다. 교원단체들이 이렇게 모인 것도 놀랍지만, 그들이 요구가 하나로 결집하고 있다는 것은 상황이 얼마나 절박한지를 보여준다.

교사들은 정당한 생활지도를 아동학대로 고발하거나 위협하는 학부모의 갑질로 인해 엄청나게 고통 받고 있다고 주장한다. 이러한 상황이 거의 모든 학교에서 나타나기 때문에 그들은 해결책을 호소한다. 교사들은 오직 교실에서 안전하게 학생들을 가르치고 싶다는 소망 하나로 뭉쳤다고 한다. 이들은 교육 관련 법안들을 즉각 개정해달라고 국회와 정부에 요구한다. 특히 아동학대 처벌법이 학교 현장에 적용되면서 무분별한 신고로 많은 어려움을 겪고 있다는 것이다.

또 악성 민원인 방지 방안을 마련하고, 교사가 수업과 학생 교육에만 집중할 수 있도록 해야 한다고 주장한다. 나아가 교사의 실질적인 생활지도권을 보장하고, 정서행동 위기학생들을 위한 지원책을 마련해달라고 요구한다.

과연 교사들의 바람대로 법안을 개정하면 문제가 원만하게 해결될 수 있을까? 물론 지금의 어려움을 줄이는 데 많은 도움이 될 것이다. 하지만 더 중요한 것은 학교의 시스템이다. 현재와 같은 학교에서는 교사가 맞닥뜨려야 하는 어려운 상황에서 여전히 각자도생할 수밖에 없다.

6개월 사이 두 명의 20대 교사가 극단적 선택을 했던 의정부의 한 초등학교에서는 교사의 죽음에 대해 확인하려는 유족에게 교감이 "그걸 왜 나한테 이야기하냐"라고 짜증을 내었다고 한다. 해당 학교 동료 교사들도 침묵했다. 하지만 두 교사가 학부모의 악성 민원에 시달렸다는 여러 근거가 드러났다.

학교가 달라져야 교육권도 지킬 수 있다. 학교에서 가장 중요한 관계는 교사들끼리의 협력과 소통이다. 무리한 요구를 하는 학부모들과 문제 학생들과의 갈등에서 동료 교사들은 큰 힘이 된다. 그런데 어떻게 된 일인지 지금의 학교 현장에서는 이것이 막혀 있는 것처럼 보인다. 도대체 왜 그런 것일까?

우선 각자 바쁘다. 특히 고유의 담임 업무과 더불어 사무분장을 맡은 담임교사들의 업무는 늘 힘겹기 마련이다. 그러니 동료 교사들과 서로 자신들의 속내를 펼칠 수가 없다. 학생, 학부모와의 풀기 어려운 갈등일수록 동료 교사들과 고민하고 함께 해결책을 강구해야 하는데 서로 그럴 여유가 없는 것이다.

또 교사들이 학교의 주요한 결정에서 배제되어 있는 것도 문제이다. 교사들의 의견이 학교 운영에 반영될 수 있도록 해야 하는데, 현재의 학교운영위로는 쉽지 않은 것이 현실이다. 교사들의 의견이 모아져 학교의 운영과 학습 환경을 개선할 수 있도록 해야 한다. 의견을 모으는 과정에서 협력이 이루어지고 서로 존중하게 된다.

불안한 마음으로 학교를 보내는 학부모들의 마음도 헤아려야 한다. 자신들의 아이가 학교에 잘 적응하고 다른 학생들과 잘 지내는지에 대해 과거보다 염려가 많아지고 있다. 특히 학교폭력에 휘말리는 상황에 대해 걱정이 많다. 행여 내 아이가 부당하게 불이익을 받는다고 하면 과격하게 행동한다. 이럴 때 학교장이 앞장서 문제 해결에 나서고 부당한 압력에서 교사를 보호하는 것이 필요하다.

학부모와 교사의 관계를 대립적 관계로 보아서는 문제 해결에 전혀 도움이 되지 않는다. 학부모들을 멀리하면 학교는 고립되고 교사들과 교육이 불신당할 수 있다. 문제 학생들의 행동을 교정하기 위해서는 반드시 학부모가 교사와 함께 노력해야 하기 때문이다.

학생들도 마찬가지다. 교사들이 교사의 권위를 인정받기 위해서는 학생들을 존중하고 믿어야 한다. 따라서 학생들의 의견이 수렴될 수 있는 통로가 제대로 마련되어야 한다. 학생회를 활성화하고 그들의 자율성을 인정하는 것이 필요하다. 그리고 교사와 학생이 어울려 인간적인 교류를 나눌 수 있는 다양한 만남의 장도 마련되어야 한다.

이렇게 *교사, 학생, 학부모가 학교의 주체로서 서로를 존중하고 신뢰하도록 관계를 형성하는 것이 진정한 해결책*이다. 그러한 길에서 학교 운영의 책임자 역할을 하는 학교장과 교감의 임용체계를 개혁하는 것이 필요해 보인다. 학교장과 교감이 소속교사의 죽음도 외면하는 식으로 교사들과 유리되어서는 안 된다.

점수와 근무평가에 의해 이루어지는 승진체계 속에서 관료적인 학교가 만들어졌다. 승진을 바라는 교사들과 이를 이용하는 학교장과 학교를 관리의 대상으로만 인식하는 교육청으로 인해 학교는 생기를 잃었다.

법을 개정하여 학교 구성원이 존경하는 덕망 있는 교사가 학교장에 선임될 수 있는 길이 열렸으면 한다. 법안의 개정과 더불어 지금부터 교사들이 해야 할 일은 학교를 변화시키는 것이다. 존중과 신뢰의 학교, 협력과 배려의 학교를 만들기 위해 주변의 교사들과 소통하고 학부모들과도 손을 맞잡아야 한다. 그리하여 교사와 학생, 교사와 학부모, 교사와 교사의 관계 회복을 통해 학교를 행복하게 만들어야 한다. 학교가 행복해야 우리 아이들의 미래가 행복할 수 있다.

디트뉴스24 [성광진의 교육통(通)] 2023.09.22

정답은
교사들이 갖고 있다

"퇴직하기에는 조금 이른 것 아니었나?"

"아이고, 더 이상 버티기가 힘들더라구요. 젊을 때 이상은 사라지고, 교실 들어가는 것도 지겹고, 학생들이 싫어지면서 퇴직금만 계산하게 되니, 이게 아니구나 싶어 명퇴를 신청했죠"

후배가 탄식하듯 조기 퇴직의 사유를 설명한다.

"갈수록 아이들과 거리가 많이 느껴져요. 일부지만 막 나가는 학부모도 힘들게 하구요. 교사들끼리도 어려운 일을 서로 나누고 도와주기보다는 개인주의가 넘쳐나요. 견디기 어려운 요소가 너무 많아요"

교육부 자료에 따르면 근속연수 15년 이상 25년 미만의 초·중·고 퇴직 교사는 217년 888명을 기록했고, 2019년 979명, 2021년 1088명으로 매년 증가세를 보이고 있다.

도대체 교사들을 가장 힘들게 하는 것이 무엇일까? 구체적으로 무엇인지 물어보았다.

"일부 아이들이기는 해도 교사의 정당한 지도를 받아들이지 않아요. 수업은 교사의 자존심이 걸린 것인데, 수업 시작부터 잠자는가 하면, 일으켜 세워 뒤에 가서 서있으라고 하면 반발해요."

"어떤 녀석들은 대놓고 덤비는데 속수무책인 경우가 대부분이에요. 물리적으로 폭력을 행사하는 것은 아니지만 교묘하게 교사를 무시하거나 농락하는 경우도 있고요."

"학업에서 오는 스트레스나 가정에서의 울분을 교사들에게 해소하려고 하는 아이들도 있다니까요."

교육부 자료에서는 교권보호위원회가 심의한 교권 침해 건수는 2017년 2566건, 2018년 2454건, 2019년 2662건, 2020년 1197건, 2021년 2269건을 기록했다. 코로나19로 원격으로 수업했던 2020년을 제외하고 매년 이천 건이 넘는 수치다.

교권 침해 유형으로는 학생·학부모의 모욕·명예훼손 침해가 가장 많았고 상해나 폭행도 전체 유형 중 10%가 넘었다고 한다.

"갈수록 학생들과의 거리를 많이 느끼고 있어요. 새내기 교사들도 의욕적으로 학생과 생활하지만 얼마 안가 실망으로 바뀌는 것 같아요."

2017년부터 2021년까지 5년간 전국 국공립 초·중·고교에서 근속연수 5년 미만인 퇴직 교사 수가 1,850명이나 된다는 것이다. 교직과정을 이수하고 어렵게 임용고사를 거쳐 들어온 교사의 길을 초기에 포기하는 사례가 꽤 많다는 것은 어떻게 받아들여야 할까?

교사노동조합연맹이 지난달 조합원 1만1377명에게 진행한 온라인 설문조사 결과, 최근 5년간 교권침해로 정신과 치료나 상담을 받은 적 있다고 답한 교사는 무려 3025명(26.6%)으로 나타났다고 한다. 또 교사 2950명(25.9%)은 거의 매일 이직이나 사직을 고민했다고 답했다. 설문에 답한 교사 가운데 네 명 중 한 명이 매일 교직을 떠날 생각을 했다는 것이다. 이것은 교사 본인에게도 불행한 일이지만 학생이나 학부모의 입장에서도 바람직하지 않기는 마찬가지다.

이러한 상황에서 행복한 학교를 외친다면 그야말로 언감생심이다.
"학생과 학부모의 눈치를 보며 살아야 한다는 것이 힘들어요. 학생에 대한 정당한 지도인데도 이러다 학생이나 학부모가 반발하면 어떻게 해야 하나를 스스로 검열하는 것이 너무 싫어요."

교사들의 한탄이다. 이러한 상황에 대처하기 위해 지난해 12월 교육부는 교권침해에 대한 학생 조치사항을 학교생활기록부에 기재하는 방안을 발표했다. 아마도 교권보호위원회가 내릴 수 있는 조치 가운데 학생에 대한 전학과 퇴학 조치가 기재 대상이 될 것으로 보이며 내년부터 적용될 것으로 보인다.

그러나 이러한 조치가 근본적인 대책이 될 수 없다. 무엇보다 가해 학생들의 반성이나 변화가 중요한데, 그럴 가능성이 적어 보이기 때문이다. 도리어 학생부 기재가 진학에 걸림돌이 될 것을 우려한 학부모들이 교사를 상대로 소송이 남발하게 될 가능성도 많다.

교권 침해는 언제부터 심각하게 된 것일까?

"사람 되라고, 저 잘되라고 매를 대는 거를 학생 인권이라고 반대하는 인간들 때문에 학교가 이 지경이 된 거야"

이렇게 말하는 사람들이 꽤 많다. 정확하게 말하자면 교사의 체벌이 폭력행위로 형사적 처벌을 받는 상황은 1990년대 이후 우리 사회의 큰 변화이기도 하다. 우리 법률은 누구나 다른 사람에게 폭력을 행사하면 처벌하도록 되어 있으며, 교사나 부모도 예외는 아니다.

사회의 변화에 따라 지식과 정보의 전달자로서 학교 교사의 권위가 급격히 무너져가고 있는 것이 현실이다. 이제 학생들은 인터넷과 모바일로 교사보다 더 빨리 자신들이 필요로 하는 지식에 접근할 수 있다. 필요하면 언제든지 인터넷으로 학습할 수 있다. 그리고 가까운 미래에 교사의 자리를 인공지능이 대체할 수 있다고 하는 마당이다.

"아이들이 우리를 인정하지 않아요. 토론식으로 수업을 이끌어보려고 질문을 유도하지만 안 해요. 수업을 너무 경시해요. 그나마 중간, 기말고사 없으면 수업을 전혀 듣지 않을 것 같아요."

의욕적인 젊은 교사의 한숨이다.

"선행학습이 지나쳐요. 대부분의 사교육이 입시의 주요 교과목에 대해 경쟁적으로 더 빨리, 더 많이 가르치려고 하고 있어요. 그러다 보니 아이들에게 학교가 무슨 필요가 있겠어요."

과연 이러한 산적한 문제를 어떻게 해야 할까? 결국 교사들이 스스로 문제해결을 위해 나서는 수밖에 없다. 오늘날 교육의 문제는 교사 자신들의 문제이다. 결국 현장에서 해결책을 찾아야 한다. 그러기 위해서는 학교에서 교사들이 뭉쳐야 한다. 교권을 올바로 세우고 교권침해를 예방하기 위해서는 교사들부터 소통하여야 한다. 학교에서 교사들이 의견을 모으고 더 나은 방향으로 가기 위해 토론과 단합의 기운이 일어나야 한다.

저마다 컴퓨터 모니터만 바라보고 동료교사들과 대화를 나누지 않거나, 교권침해가 벌어져도 나만 괜찮으면 된다는 사고로 무관심하면 상황은 더욱 악화될 뿐이다. 과거 학교에서 횡행하던 각종 비리도 결국 교사들의 자정운동과 단결된 힘으로 극복할 수 있었다.

무엇보다 교원단체들의 역할이 크다. 교사들의 고난은 교육의 위기이기도 하다. 이러한 시급한 시기에 교원단체들은 교사들의 의견을 모으고 근본적인 개혁방안을 교육부와 정치권에 끈질기게 요구해야 한다. 교사들도 학교에서 교원단체 활동에 적극적으로 참여하는 것이 현재의 실망을 희망으로 바꿀 수 있는 최선의 길이라는 것을 깨달았으면 한다. 교사들이 뭉쳐야 교권도 올바로 세울 수 있고, 교육이 산다.

디트뉴스24 [성광진의 교육통(通)] 2023.05.29.

법령 보완하고, 학부모와 거리두기로 문제 해결될까?

"우리 애는 절대 그럴 리 없어요!"
"제 자식은 제가 잘 알아요. 그런 일을 저지를 아이가 아니에요."

자녀의 일탈행동으로 학교에서 상담하게 된 부모들로부터 교사들이 대체로 많이 듣는 말이다. 이럴 때 교사는 할 말을 잃고 그저 답답하기만 하다. 왜 그럴까? 가정이라는 울타리 안과 학교라는 사회에서의 관계는 완전히 다르다. 가정도 속을 살펴보면 단순하지만은 않다. 위기 가정이나 해체 가정도 있고, 한 부모, 또는 조손 가정도 있다.

그런데 대체로 평온한 가정에서 무난하게 자랐을 법한 아이도 이해하기 어려운 사건을 저지르는 경우가 있다. 학교로 호출 받게 된 부모들은 대체로 우리 자식은 그럴 아이가 아니라는 반응이다. 그래서 학교에서 오해하고 있다고 화를 내기도 한다.

그런데 학교와 가정은 완전히 다른 상황이 존재한다는 것을 이해해야 한다. 학교에서 집단생활을 하는 아이들은 미묘한 감정선이 서로 교차하면서 불만이 쌓이기도 하고, 말 못할 고민을 만들기도 한다. 부모에게는 말하지 않는 생각이나 감정이 자리 잡고 있는 것이다.

각자 학교생활을 돌아보자. 지금 생각해 보면 별것도 아닌데 목숨이 걸린 것처럼 매달리고, 감정을 소비했던 적이 없었던가? 특정한 친구가 하는 행동을 따라하고 싶은 적은 없었던가? 자신의 정체성을 깨닫고 스스로 가치관을 정립하기까지 얼마나 많은 시간과 혼돈이 필요한지를 밖에서는 알 수가 없다. 결국 아이들은 혼돈 속에서 자신의 길을 가고 있는 것이다. 그리고 그 혼돈 속에서 절제되지 못한 생각과 감정으로 반응하다 문제행동을 일으키는 것이다. 자신의 열등감을 저보다 약한 고리를 찾아 친구를 괴롭히는 것으로 풀어가는 아이도 있고, 불만과 결핍을 자해 등으로 자신을 학대하는 아이도 있다.

게다가 경쟁과 비교에 주눅이 든 아이들을 유혹하는 갖가지 쾌락적 자극들도 많다. 따라서 부모가 자식의 마음을 제대로 이해하기는 어렵다. 마찬가지로 학교도 학생들의 상태를 정확하게 파악하고 대응하기는 어렵다. 한 두 번의 상담으로 아이들의 마음을 제대로 알 수 없다. 아이들은 쉽사리 자신의 속마음을 교사에게 드러내지 않기 때문이다. 그래서 서로 신뢰를 쌓는 시간이 필요하다.

교사와 학생이 서로를 믿고 대화를 하기 위해서는 서로의 마음을 열 시간과 공간이 필요하다. 그래서 학생과의 친밀한 관계 형성을 위한 다양한 상담 활동과 신나는 방과후활동이 필요하다. 학생의 개성을 살리면서 재미와 즐거움을 줄 수 있는 다양한 만남이 주어져야 한다. 그래야 교사와 학생의 관계가 개선될 뿐 아니라 아이들도 학교에 오는 즐거움을 가질 수 있다.

학부모의 악성 민원으로 인한 교사들의 희생을 계기로 '교권보호 4법'이 국회를 통과해 시행을 앞둔 가운데, 학교 현장에서도 여러 대책들이 시행되고 있다고 한다. '악성 민원'의 통로로 악용됐던 카톡방을 없애고, 학부모와의 상담 의무를 줄이고 있다는 것이다.

과연 학부모와 거리를 두고, 일탈행동을 저지른 학생을 교실이나 학교에서 내보내는 것이 해답이 될 수 있을까? 교사의 교육권을 보장할 수 있는 최선의 방안은 학생들의 신뢰이다. 학생들의 신뢰가 있는 한 학부모들이 교사들을 함부로 의심하거나 불신하기는 어렵다. 그런데 지금 학교는 오로지 경쟁과 비교에만 관심이 많다. 학생과 교사의 관계를 어떻게 하면 더욱 가깝게 만들어 갈 수 있을까에 대해서는 무관심하다. 이런 상황에서 학부모들은 우리 아이가 다른 아이와의 경쟁에서 뒤처지지 않을까 노심초사한다. 불안한 학부모는 교사의 언행 하나하나를 아이들을 통해 확인하며 의심하는 것이다. 결국 사소한 교사의 언행 하나가 불씨가 되는 상황이 되고 만다.

법령을 보완하고, 학부모와 거리두기를 한다고 해서 지금의 문제를 해결하기는 어렵다. 경쟁과 비교로 점철된 교육을 완화하고 학생들이 학교에서 즐거움을 찾을 수 있도록 교육환경을 바꾸어야 한다.

그래야 학생들이 교사들을 따르고 좋아한다. 이런 변화를 위해서는 학부모들과도 협력적 관계로 나아가야 한다. 학부모들이 지지하지 않으면 변화가 불가능하기 때문이다. 근본적인 개혁을 요구하지 않으면 안 되는 지경에 도달했다는 사실을 교사들은 알고 있다.

서이초 선생님의 희생 이후, 교사들은 연대와 단결을 어떻게 이루어 나가야 하는지 깨달았다. 스스로 문제를 해결하기 위해 노력하지 않으면 안 된다는 사실도 깨달았을 것이다. 이제 교사들은 긴 안목으로 교육의 근본적인 개혁을 위해 행동에 나서야 한다. 연대와 단결의 주체인 교원단체들이 나서서 개혁에 앞장섰으면 한다. 지금이 바로 그때이다.

디트뉴스24 [성광진의 교육통(通)] 2023.11.01

AI시대, 학교도서관이 소중하다
_ 학교도서관 마을공동체가 운영, 소통의 공간으로

지금 우리나라 성인 10명 중 6명은 1년에 책을 한 권도 읽지 않는다. 문화체육관광부가 지난18일 발표한 '2023 국민 독서실태조사'에 따르면, 지난해 성인 가운데 일반 도서를 단 한 권이라도 읽은 사람의 비율을 뜻하는'종합독서율'은 43%에 그쳤다. 이 비율은 1994년부터 2년마다 이루어지는 독서 실태조사 실시 이후 역대 최저라고 한다.

갈수록 우리 국민들은 독서를 멀리하고 있는 것이 현실이다. 그럴 수밖에 없다. 초등학교 아이부터 청소년과 청년, 노인에 이르기까지 버스에서, 지하철에서, 식당에서, 오로지 기기 하나를 손에 쥔 채 집중한다. 심지어 길을 걸어가면서도 끊임없이 바라보는 것은 스마트폰이다.

스마트폰 중독 현상은 특정 연령대에 치우치지 않는다. 나이 지긋한 중년부터 노인들까지 유명 콘덴츠에 심취해 산책하면서도 시청을 멈추지 않는 모습을 흔히 볼 수 있다. 소설이나 뉴스 등 전통적 읽기 영역에서도 휴대폰이나 PC가 대신하고 있다.

이런 상황은 과연 바람직한 것일까? 이러한 읽기는 종이책을 읽는 것과는 확실히 다르다. 내용을 대강 파악하는 데다 재미와 실리에 치우치기 마련이다. 반면에 책을 꾸준히 읽는 것은 우리 삶을 풍요롭게 하고, 지성적인 인간으로 성장하는 수단이다. 독서는 생각을 다양하게 넓히고, 세상을 바라보는 통찰력을 갖도록 한다. 독서는 인공지능(AI)시대에 더욱 중요하다. 오늘날의 인공지능은 새로운 지식을 생산하기보다 언어 처리를 통해 존재하는 정보를 재정리하는 도구다.

인공지능을 통해 습득하는 언어들을 판단하는 것은 결국 사람의 몫이다. 따라서 문해력이 무엇보다 중요한 시대가 되었다. 문해력은 인공지능 시대에 남녀노소 누구나 갖추어야 할 필수적인 능력이다. 이 능력은 독서에 의해 좌우될 수밖에 없다. 그런데 갈수록 독서를 멀리하게 되면 문해력이 더욱 필요한 시대에 거꾸로 가는 상황에 놓이는 것이다.

지금 당장 독서 의욕을 자극하고, 독서를 권장할 수 있는 사회적인 시스템이 만들어져야 한다. 그것이 바로 도서관의 확대와 활성화를 위한 노력이다. 바람직한 도서관의 모습은 마을의 문화적 중심지가 되어 주민들의 지성을 일깨우는 문화 공원과 같은 존재가 되어야 한다.

대전지역의 306개 초·중등학교에는 도서관이 모두 설치되어 있다. 교육청이 밝힌 바에 따르면 학생 1인당 장서수도 꾸준히 증가해 37권에 이른다고 한다. 나름대로 도서관으로서 시설도 손색없이 잘 갖춰진 상황이다.

그런데 학교 도서관은 과연 잘 운영되고 있는 걸까? 시교육청 자료에 따르면 대전지역 학교의 사서교사 배치는 2022년말 기준 70명에 불과하며 이를 대체하는 도서관 실무원과 사서수도 20명에 불과하다. 그러니 216개의 학교에는 도서관의 관리와 각종 업무를 제대로 할 수 없는 상황이라는 것과 같다. 도서관이 있어도 제대로 기능을 못하거나 역할이 수준 이하라는 것은 자명하다. 당장 사서교사를 배치하는 것은 교원 총정원제 등의 이유로 어려움에 부딪치고 있다. 학교에서부터 독서가 활성화되기 어려운 상황에 놓인 것이다.

그렇다면 현실을 타개할 방안은 무엇일까? 학교 도서관의 운영을 지역사회의 마을공동체에 맡기는 것을 생각해 볼 수 있겠다. 사서교사의 역할을 마을공동체 활동가들이 맡아서 해주면서 동네와 학교의 교류를 이어주는 것이다. 학생들의 독서 활동을 도울 수 있는 다양한 방안을 지역의 도움을 받아 추진하면 즐겁게 독서를 하는데 도움이 될 것이다.

예를 들자면 지역의 작가들을 초청하여 북콘서트를 하거나, 인문학을 전공한 마을의 인재들이 학교 독서클럽과 연계하여 학생들을 지도하게 하는 등 다양한 방안을 모색할 수 있는 것이다. 도서관이 단순히 책을 대출하는 곳이 아니라 다양한 세계와 만나 독서를 자극하는 곳이 되어야 하기 때문이다.

더 나아가 학생들이 사용하지 않는 오후와 휴일에는 지역민들을 위한 공간으로 개방하여 성인들의 독서의욕을 고취시키는 것도 생각해 볼 수 있다. 아무나 드나드는 것이 아니라, 회원제로 운영하면 별 문제가 없다고 본다. 지금 학교는 지역사회와는 담을 쌓고 학부모들과도 거리를 두고 싶어 한다. 그럴수록 학교는 더욱 고립화되고, 교육은 시대에 뒤떨어질 수 있다. 학교의 도서관이 사람과 사람이 만나 서로 교류하는 마을사랑방처럼 독서를 매개로 학교와 동네를 연결하는 소통 공간으로 나아갔으면 한다.

디트뉴스24 [성광진의 교육통(通)] 2024.06.05

미래를 위한
학교교육의
담대한 전환 3

지역 인재 육성과 사회 시스템 개혁

직업교육을 살려야 한다

지금 우리 고등학교 교육에서 가장 취약한 부문은 무엇일까? 아마도 직업교육일 것이다.

고등학교를 졸업하고 직업인으로 곧장 활동할 수 있고, 미래를 보장받는다면 굳이 대학을 가서 비용과 시간을 낭비할 필요가 없을 것이다. 또 그러한 사례가 성공적이고 일반적이라면 지나친 대학입학 경쟁으로 나타나고 있는 교육 부조리를 획기적으로 개선할 수 있을 것이다.

지금 우리 사회는 불필요한 과잉 교육으로 인한 사회적인 낭비가 크다. 출산율 세계 최저로 인해 학생 수가 엄청 줄었는데도 매년 늘어만 가는 사교육비로 가정마다 힘들어한다.

이러한 상황을 획기적으로 줄일 수 있는 방안도 고교 직업교육에 달려 있다. 과거 1990년대까지만 하더라도 전체 중학교 졸업자의 열 명 가운데 네 명은 직업계 고교로 진학했다. 그리고 이들은 우리 사회의 산업화에 큰 기여를 하였다.

그런데 지금 그 학교들은 내리막길을 걷고 있다. 대전지역에는 현재 공업계열 5개 교과 상업계열 4개교, 농업계열 1개교, 마이스터고 2개교 등 12개교 총 5082명의 학생이 재학 중이다. 이는 대전지역 전체 고교생의 12.9%에 불과하다. 열 명의 중학교 졸업자 가운데 한 명 정도가 직업계고교에 진학하고 있다.

도대체 이렇게 직업계고교가 쪼그라든 것은 어떤 이유일까? 대학교 입학정원의 확대와 저출생의 영향으로 누구나 쉽게 대학에 진학할 수 있기 때문이다. 1980년에는 대학진학율은 23.7%였지만, 2008년에는 대학진학율이 세계에서 가장 높은 84%에 이르게 되었다. 이런 상황은 조금 누그러져 2024년에는 74.9%로 고교졸업생 가운데 7명이 대학을 가고 있다.

이것은 아무래도 산업체에 종사하는 기능인들에 대한 처우가 낮기 때문이다. 게다가 산업의 고도화에 따른 다양한 기능이 필요한데도 불구하고, 필요한 기능인을 학교가 양성하지 못하면서 나타난 결과로 보인다.

지금은 새로운 산업혁명의 시기에 놓여있다. 반도체와 내연기관 자동차와 조선업으로 대표되던 우리의 기간산업도 중대한 도전과 시련을 맞고 있으며 미래 성장 동력이 될 AI, 로봇, 전기 자동차, 나노 등 새로운 산업이 등장하고 있다. 미래의 산업 환경 변화에 맞춰 보다 고도화된 전문기술을 갖춘 인재 육성이 이루어져야 한다. 미래 산업을 이끌어갈 전문 기능인을 양성해야 처우도 개선되어 굳이 대학을 가지 않으려 할 것이다. 따라서 직업교육과정을 개편해야 한다.

미래 핵심 산업분야의 기능 인재를 육성하기 위한 신기술 분야 교육과정이 만들어져야 한다. 이를 위해서는 특성화고의 학과 개편이 필요하다. 개편에서 가장 중요한 것이 현장교사의 재교육과 산학겸임교사의 확보. 특히 개편 학과에 걸맞은 현장 실무능력을 갖춘 산학겸임교사를 초빙하여 전문교육이 실시되어야 한다.

다음으로 지역 산업과 연계하여 맞춤형 인재를 양성하는 교육체제가 만들어져야 한다. 지자체-교육청-지역기업-특성화고 등이 협약을 통해 기업과 사회의 필요를 반영한 맞춤형 교육과정을 개발하고 운영을 지원해야 한다. 이를 위해서 직업 멘토를 양성하고 활용하여 학교와 기업을 연계하고 학생들의 취업이나 창업을 도와야 한다.

이런 계획을 세우고 집행하는 데는 많은 비용과 인력이 필요하다. 따라서 교육청이 종합적인 지원 기구를 설립하는 것이 필요하다. 가칭 '직업교육원'이나 '직업교육지원센터'를 설립하여 지자체-교육청-지역기업-특성화고가 서로 연계하여 협력할 수 있도록 해야 체계적이고 미래지향적인 직업교육이 이루어질 것이다. 다시 말하지만 대학 진학률을 낮추고 과잉교육을 억제하는 것이 사회적 낭비를 줄이는 길이다. 지금이야말로 우리 사회가 직업교육의 중요성에 대해 각성하고 직업교육 투자에 더 적극적인 태도를 가져야 할 때이다

디트뉴스24 [성광진의 교육통(通)] 2025.06.30

대전을
과학교육의 메카로 만들자

　대전은 누가 뭐래도 우리나라에서는 과학 연구의 성지 같은 곳이다. 각종 국내 굴지의 공공연구기관과 KAIST(한국과학기술원)가 자리 잡고 있어 대한민국의 미래를 위한 과학 연구 개발과 인재 양성을 수행하고 있다.
　4차 산업혁명시대에서는 반도체, 모바일, 빅데이터, 인공지능, 로봇, 나노신소재, 생명공학, 우주공학 등의 과학 기술이 세계를 혁신으로 이끌어갈 것이고 미래를 주도할 것으로 전망되고 있다. 따라서 첨단 과학을 더욱 발전시켜 나가는 것이 국가의 미래를 보장하는 것이다.
　이런 상황에서 과학 인재 양성이야말로 국가의 가장 중요하고도 기본적인 책무라 할 수 있겠다. 때문에 과학 분야에 대한 어린 학생들의 호기심을 자극하고 자질을 개발하도록 도와주어야 한다.
　선진국일수록 첨단 과학의 발전을 위해 지나칠 만큼 교육에 대한 투자와 지원을 아끼지 않고 있다는 점을 깨달아야 한다. 그런 점에서 우리 대전은 이러한 과학교육을 선도해 나갈 교육 자원을 보유하고 있는 도시이다. 이를 적극 활용하여 전국에 있는 미래 과학의 꿈나무들에게 비전을 제시하고 명실상부한 과학도시로서의 위상도 높여나가야 한다.
　우선적으로 지역에 소재한 공공연구기관과 KAIST 등의 보유 자원을 활용함으로써 과학에 재능이 있거나 관심이 많은 학생들의 체험학습을 실시하는 것이다. 전국의 초·중·고등학교 학생을 대상으로 오프라인 멘토링을 실시하고, 원하는 학생들의 예약을 받아 과학탐구 캠프를 상시적으로 여는 것이다. 어린 과학꿈나무들이 첨단과학에 대한 이해와 더불어 직접 구현할 수 있는 프로그램을 준비하여 일정 기간 대전에서 기거하도록 하는 것이다. 과학에 관심과 흥미를 높일 수 있는 우수한 프로그램을 갖춘다면 우리 지역 학생들뿐 아니라 전국의 학생들에게도 호응을 받을 수 있다.

더불어 과학교육의 중심지 역할뿐만 아니라, 방문하는 학생과 부모들에게 즐거움을 줄 수 있는 프로그램도 만들어야 한다. 체험학습에 동반한 부모들에게도 첨단 과학에 대한 이해와 함께 대전을 즐길 수 있는 체험관광코스를 제공하는 것이다. 학생들과 동반한 가족들의 숙식을 위한 쾌적한 장소를 제공할 수 있다면 지역 경제에도 도움이 될 것이다. 이 사업을 성공적으로 추진하기 위해서는 교육청이 앞장서고 대전시와 지역공공연구기관, 대학이 서로 연계하고 협력하는 시스템을 갖추어야 한다.

가장 중요한 것은 최첨단 과학 분야의 다양하고도 수준이 높은 명품 과학교육 체험프로그램을 만드는 것이다. 과학에 관심 있는 학생이라면 누구나 반드시 체험해 보고 싶은 프로그램을 만드는 것은 생각보다 쉽지 않은 일이다. 프로그램을 만드는데 교육청과 과학교사들, 연구원들이 힘을 모아 최선의 작품을 만들어냈으면 한다.

그동안 대전은 과학도시라고 스스로 자임해왔다. 이제 그 위상을 제대로 높이기 위해서는 첨단 과학을 제대로 체험하고 교육시키는 과학교육도시가 되어야 한다. 첨단 과학기술이 주도하는 4차 산업혁명의 시대에 능동적인 대처할 수 있기 위해서는 교육이 앞장서야 한다. 그 선두에 대전이 있으면 한다.

디트뉴스24 [성광진의 교육통(通)] 2025.07.07.

저출산이
입시경쟁을 낮출 거라구요?

얼마 전에 고향에 들렀다가 면 소재지의 백 년도 넘는 역사를 지닌 초등학교가 폐교의 위기에 놓였다는 말을 들었다. 하물며 내가 다니던 초등학교는 이미 폐교가 되었다. 아이들이 없기 때문이다.

1970년대 초에 100만 명에 달했던 출생아가 지난해에는 24만 9천 명이었다. 즉 절반의 절반으로 줄어든 것이다. '둘도 많다. 하나만 낳아 잘 기르자.' '잘 키운 딸 하나, 열 아들 부럽지 않다.' '덮어놓고 낳다보면 거지꼴을 못 면한다'는 표어들은 당시 국민들에게 다산이 사회적 폐단이라는 의식을 깊게 심어주었다.

하지만 1970년 합계출산율이 4.53이던 때를 지나 50년 만에 우리 사회의 합계출산율은 무려 0.78명이다. 지금은 정반대로 다둥이 부부가 애국자라며 지방자치단체마다 출산장려금을 주는가 하면 지원도 날로 다양해지고 있다. 반세기 만에 나라의 정책이 거꾸로 뒤집혀지고 말았다. 이렇게 되면 사회 모든 분야에서 변화가 나타날 것이 틀림없다.

우선 교육에서부터 충격이 크다. 70여 명을 넘나들던 학급당 학생 수가 50년 만에 그 반에도 미치지 못할 만큼 줄어들었고, 시골에서는 폐교하는 초등학교가 즐비하다. 많은 사람들은 출산율이 낮아 학령인구가 줄어들면 입시경쟁도 낮아질 것으로 예단하지만 그런 생각은 매우 잘못된 것이다.

2021년도 대학입학정원은 47만 3천여 명으로, 수도권이 19만여 명이고 비수도권은 28만 3천여 명이다. 상황이 이렇다면 지난해 출생아가 24만 9천여 명이었으니, 서울, 경기, 인천 등에 설립된 86개 대학만으로도 어느 정도 입학수요를 충족하는 것이 가능하다. 이렇게 되면 비수도권의 웬만한 중상위권 학생들은 모두 서울을 중심으로 모여들게 될 것이다.

 2022년 기준 서울 20개 주요대학의 입학 정원은 4만 5천여 명이었다. 20년 전인 2002년 출생아가 49만 3천여 명으로 산술적으로 지금은 상위권 10% 정도가 서울 주요대학에 들어갈 수 있다. 하지만 앞으로 20년 후에는 18%가 가능하다. 즉 중상위권이면 서울 진학이 가능해지는 것이다.

 그러나 서울 진학의 폭이 넓어지더라도 이들 대학 사이의 서열로 인해 현재의 입시경쟁은 서울권에서 더욱 치열해질 전망이다. 이로 인해 비수도권에서 아이들을 위해 서울로 거주를 이전하는 사례가 지금보다 훨씬 많아질 것이다. 지방의 부유층들이 이른 시기에 주택을 사서 아이를 서울에 보내는 현상이 지금도 있지만, 더욱 증가세를 보일 것이다. 어린 시절부터 서울이 갖고 있는 입시 사교육이나 정보의 우위 경쟁에서부터 밀리지 않겠다는 것이다. 결국 중상위권이 모두 뛰어드는 서울의 주요대학 입시경쟁으로 인해 사교육은 위세를 점점 더 떨치게 될 것이다.

 또 끊임없는 인구 유입으로 수도권 거주비용은 어떻게 될까? 통계청이 지난 3월에 발표한 2022년 초중고 사교육비 총액은 약 26조 원이고 사교육 참여율은 78.3%인데 2021년도에 비해 무려 2조 5천억 원(10.8%)이나 증가했다. 전체 학생의 1인당 월평균 사교육비는 41만원으로 사교육 참여 학생만 따지면 52만 4천원이었는데, 아이가 둘만 되면 평균 백만 원을 넘어선다.

문제는 이 월평균 사교육비가 과연 현실을 그대로 보여주느냐이다. 실제로 대도시나 서울에서의 사교육비는 평균을 훨씬 상회한다. 이 사교육비 지출 경쟁이 저출산의 가장 큰 요인이라는 사실이 구체적인 연구를 통해 밝혀졌다. 그동안 저출산 문제의 심각성만 주로 부각되었지, 그 요인에 대한 구체적인 연구가 부족했다. 그런 의미에서 박진백 국토연구원 연구위원이 2021년 발표한 연구논문인 '주택가격과 사교육비가 합계출산율에 미치는 영향'은 그 의미가 크다.

대전교육연구소는 15일 오후 3시, 김민숙 시의원과 공동으로 박진백 연구위원을 초청하여 시의회 3층 소통실에서 토론회를 갖는다. 이 토론회에는 대전시교육청의 사교육비 경감 노력에 대해 박봉규 장학관이, 사교육으로 내몰리는 학부모의 입장을 강영미 대전참교육학부모회 대표가 발표하고, 신정섭 대전교육연구소 연구위원이 대안 제시에 나선다. 저출산의 상황이 지속되는 것은 국가적 재난이다. 문제가 심각할수록 소리를 내야 한다. 위기 앞에서 가만있는 것은 참담한 결과를 초래하는 죄악이다. 여기저기서 소리를 질러 해결을 위한 방안을 찾아 나서야 한다. 그 소리의 하나로 토론회를 봐주었으면 한다.

디트뉴스24 [성광진의 교육통(通)] 2023.06.30

지금 나라를 쇠락하게 하는 것은 무엇일까?
_ 초등 의대반과 딥시크

　지금 세계적 화두는 인공지능(AI)이다. 생성형 AI가 일상을 바꾸어가고 있고, 모든 분야에 AI가 영향을 주기 시작하고 있다. 그런데 중국 스타트업 '딥시크(DeepSeek)'가 빅테크 연구비의 10% 수준으로 개발한 AI모델을 공개해 전세계를 놀라게 했다. 2023년 설립된 딥시크가 최근 공개한 추론형AI '알원(R1)'이 성능 테스트에서 미국이 개발한 모델보다 앞서는 결과를 냈다고 한다. 더구나 고사양 최신 칩이 아닌 저사양 칩을 활용해 이런 성과를 낸 것이다. 중국의 작은 기업이 미국 거대 기업들을 뛰어넘는 놀라운 성과를 보여주었다.

　최근 중국은 AI 분야에서 미국과 견주는 모델들이 속속 출시되고 있다. 알리바바가 개발한 '큐원(Qwen) 2.5-맥스'도 미국 모델을 뛰어넘는다고 주장하고 있다. 바야흐로 중국이 AI 분야에서 미국과 견줄 만큼 그 수준이 높아지고 있다. 이러한 중국의 약진은 반도체 수출 규제를 비롯한 미국의 중국 견제가 지속된 가운데 나온 것이라 더욱 놀랍다. 이러한 성과는 우리가 과거 그러했듯이 중국의 이공계 교육 중시 정책 때문이라는 것이 정설이다. 딥시크 연구원들은 해외 유학 경험 없이 국내대학을 졸업했거나 석·박사 과정 중에 있는 청년들이라는 것이다.

　중국에서는 성적이 좋은 고교 졸업생들은 공대로 진학한다고 한다. 반드시 베이징의 유명대만 가려고 고집하지 않는다. '틱톡'을 만든 장이밍이나 '텐센트' 창업자 마화텅, '테무'의 창업자 콜린 황은 각각 톈진, 선전, 저장 등의 지방 유명대 출신이다. 성적이 좋으면 무조건 의대로 진학하려는 우리와 다르다.

최근 초등학생들을 상대로 모집하는 초등의대반이 전국적으로 번져가며 사교육이 더욱 과열되는 현상을 보이고 있다. 의대 정원 확대가 기존의 의대 몰빵에 기름을 붓는 결과를 가져왔다. 영어 유치원-사립초-특수목적고 또는 자율형 사립고-의대로 이어지는 과정에서 부유층 학부모들은 지갑을 활짝 열어 온갖 사교육을 부추기고 있다. 여기에 조바심이 든 일반 학부모들이 뒤따라가는 상황이 만들어지면서 등골이 휘는 것이다. 의대 정원을 확대하면 의사 공급이 많아지니, 그만큼 처우도 종전과 달라져 우수 인재들이 다른 쪽으로 발길을 돌릴 것이라는 의견도 있다.

하지만 현실은 그렇지 않다. 천 명이든 이천 명이든 정원이 늘면 가능성에 현혹되어 더 많은 수험생들이 의대 쪽으로 몰리기 마련이다. 그리고 사교육의 불길만 더욱 키우고 이공계의 발전은 멀어질 수밖에 없다. 무턱대고 정원만 늘리려다 부작용만 낳고 말았다.

이런 상황을 만든 것도 모자라 윤석열 정부는 2024년 연구개발(R&D)예산을 전년 대비 16% 줄어든 무려 5조 2000억 원을 줄이려 했다. 과학기술자들과 국민들의 강력한 항의로 전년도 대비 크게 줄지는 않았지만, 그 충격은 컸다. 자원 없는 나라에서 기술력이 살길이라는 사회적 공감대를 바탕으로 수십 년간 꾸준히 증가해 온 연구개발예산이었다. "나눠 먹기식, 갈라먹기식 R&D는 제로베이스에서 재검토할 필요가 있다"라고 한 윤석열 대통령의 발언 때문이었다. 당시 대통령은 나눠먹기와 갈라먹기의 실상과 문제점을 정확히 지적하지도 못했다.

이런 상황에서 작년 2월 카이스트 졸업식에서 한 졸업자가 연구개발예산 삭감에 항의하자, 입을 틀어막고 식장에서 끌어내 연행하는 사건이 발생했다. 예비과학자 본인이 당면한 현실에 항의하기 위해 소리친 것을 폭력적으로 제압한 것이다. 이 장면은 국민과 과학기술계를 대하는 윤석열 대통령의 실상을 그대로 보여주었다.

우수 인재들이 이공계를 선택하도록 하는 정부의 노력은 필수적이다. 연구개발 인력에 대한 파격적인 대우를 하여 미래를 이끌어갈 과학기술 동력을 만들어내야 한다. 그런데 우수 인재들이 모두 의대 쪽을 향하도록 하고, 과학기술예산 삭감 같은 엉뚱한 작태나 보여주고 말았다. 결국 이미 확보된 이공계열 우수 인력들마저 기회만 되면 제 나라를 떠나게 될 것이다. 지금도 많은 이공계열 대학과 대학원 졸업자들이 해외로 나가는데, 상당수가 연구 환경과 대우가 좋은 미국 등의 나라에서 둥지를 틀고 돌아오지 않는다고 한다.

이렇게 되면 나라가 쇠락하는 것은 당연하다. 2025년 대한민국은 일반 제조업 분야뿐만 아니라, 전기차와 이차전지 등의 첨단분야까지도 중국이 추월하는 현실에 도달하게 되었다. 하물며 지금 미국과 견주어 뒤떨어지지 않는 AI분야는 더 말할 것도 없다. 우리의 일상을 지배하는 AI분야에서 최첨단을 달리는 나라가 미래를 주도하게 되어 있다. 이제 우리는 새롭게 각성해야 할 때이다. 내란을 저지른 범죄자에 대한 응징을 빨리 끝내고, 새로운 정부가 미래 성장을 주도하기 위해 국민과 더불어 새판을 만들어 나가야 한다.

디트뉴스24 [성광진의 교육통(通)] 2025.03.09.

진정한 국제교류를 위해
외국어고를 개편하자

외국어고등학교는 국가의 언어와 문화를 습득하는 인재양성기관으로 국제화 시대에 외국어 인재를 양성할 목적으로 설립되었다. 1984년에 처음으로 등장한 특수목적고로 전국에 30개 교가 있고, 절반 이상이 사립학교이지만, 대전의 서구 내동에 소재한 대전외국어고는 공립이다.

외국어고는 외국어 계열 전문교과를 기반으로 어학 인재 양성을 목적으로 하고 있다지만 입시상위권 대학을 가기 위한 수단으로 전락하고 말았다는 비판을 받고 있다. 또 외국어 인재를 양성한다고 하지만 인재상과는 어울리지 않는 진학과 진로로 인해 존재 의의에 대한 부정적인 시각이 많은 것도 사실이다. 따라서 한때 자사고·외국어고·국제고를 폐지하려고 했지만, 현 윤석열 정부는 이들 학교를 그대로 두기로 했다. '학생과 학부모의 교육 선택권 보장'이라고 하지만 대학의 서열화가 그러한 것처럼 이들 학교도 초등학교에서부터 사교육 과열을 가져오는 또 하나의 요인이기도 하다.

외국어고가 제대로 된 목적을 수행하기 위해서는 현실에 맞게 교류가 많고 역할이 중요한 국가를 상대로 하는 외국어와 그 문화를 습득하는 방향으로 나아가야 한다. 앞으로 접촉을 늘여나가야 할 대상 국가는 아시아권 국가들이다.

지금 막 도약하고 있는 동남아시아는 물론이고 인도를 비롯한 서남아시아 국가들과 교류와 협력이 더욱 절실해지는 시대를 살고 있다. 특히 사회가 다변화하면서 외국인 유입이 필연적이고, 이주 배경 학생도 크게 늘고 있는 것이 현실이다. 따라서 아세안을 이주배경으로 하는 청소년에게 자신들의 또 다른 모국어 교육으로 부모의 국가를 네트워크로 연결시키는 것이 진정한 국제적 인재를 양성하는 것이라 생각한다. 특히 동남아시아 국가들과 더욱 밀접하게 협력해야 하는 이유는 지금 이들 나라들이 중요성이 부각되기 때문이다. 베트남, 타이, 인도네시아 등 동남아시아 10개 나라들로 구성된 지역공동체인 아세안과의 교역은 그 비중이 크게 늘었다. 지금 아세안은 우리의 국외 생산 거점이자 주요 중간재 유통 기지로서 중요성이 매우 커지고 있다. 지난 7월 1일 발표한 산업통상자원부의 보도자료 '2024년 상반기 및 6월 수출입 동향'에 따르면 대아세안 수출액은 중국과 미국에 이어 세 번째로 크고 점점 증가하고 있다. 우리의 미래를 위해서 지금 중요한 것이 이들 나라들과의 더욱 밀접한 교류와 협력인 것이다.

대전지역의 초·중·고에 재학하고 있는 이주배경 학생은 2023년 기준 4243명인데, 이들은 대부분 국제결혼으로 인한 다문화가정의 학생으로 중국, 베트남, 캄보디아, 일본, 태국, 인도네시아 등으로 아시아계가 압도적으로 많다.

대전외국어고를 보자면 영어, 독일어, 프랑스어, 스페인어, 중국어, 일본어, 러시아어 등 총 7개 언어를 각 전공과별로 학습하고 있다. 그런데 외국어 인재를 양성하는 학교라지만 외국어 분야로 진학하거나 진로를 정하는 학생이 생각보다 적다는 것은 다 아는 사실이다. 설립 목적과 달라진 학교를 그 목적에 부합하게 하는 것이 필요한 때이다.

따라서 전공과를 개편하고 모집 요강을 달리 해서 시대의 요구에 걸맞은 학교로 거듭나야 한다. 아세안의 언어를 구사할 수 있는 인재를 양성하기 위해 그 나라를 배경으로 하고 있는 이주배경 청소년을 받아들여 일반 학생과 동반 성장할 수 있도록 해야 한다. 이는 사회통합에 이바지함은 물론이고 진정한 국제사회 구성원으로의 성장을 지원하는 것이다.

현지에서 교육받은 이주민을 선별하여 교사로 활용하고 지역의 아세안 유학생을 활용한 개별화 교육을 통해 교육의 질도 높일 수 있을 것이다. 또 전공과별로 해당 나라의 학교와 협력, 교류한다면 인적 네트워크를 강화할 수 있는 계기도 될 것이다. 다양한 문화적·출신별 배경을 지닌 학생들이 어울리며 글로벌 인재로 성장할 수 있는 교육환경을 만들어주는 것은 우리 사회의 책임이다. 그러기 위해 우선적으로 현재의 외국어고를 개편했으면 한다. 이주배경 학생은 우리의 소중한 인적 자원이다. 아세안 이주배경 청소년에게 더 나은 교육 기회를 제공하여 한국인으로 미래의 주역이 될 수 있도록 격려하고 지원하였으면 한다.

디트뉴스24 [성광진의 교육통(通)] 2024.09.30

이주배경학생은 크게 늘었는데, 이대로 괜찮은가요?
_ 김봉구 대전외국인복지관 관장과의 대화

본인 또는 부모가 외국 국적이거나 외국 국적을 가졌던 학생을 '다문화학생'이라고 했잖아요. 그런데 교육부가 '이주배경학생'으로 용어를 변경했다고 하는데 그 이유는 무엇인가요? "부정적인 선입견을 없애고 포용과 통합을 강조하기 위해서라고 하네요. 그만큼 다문화 가정의 교육에 관심이 높아지고 있기 때문이기도 하죠. 교육부 통계에 따르면 2023년 기준, 초·중·고교에 재학 중인 이주배경학생은 18만여 명으로 전체 학생의 3.5%를 차지할 만큼 비중이 높아졌습니다."

대전은 어떤 상황인가요?
"대전교육통계(시교육청)에 따르면 대전지역의 초·중·고에 재학 중인 이주배경학생은 2013년의 1143명에서 2023년에는 4243명으로 크게 늘었어요. 전체 학생 수에서 차지하는 비율은 2.74%이고요. 좀 더 살펴보면 10년 전에는 초등학교에 821명이었으나, 현재는 2810명이 재학하고 있고, 중학교는 206명에서 944명으로, 고등학교에는 116명에서 489명으로 늘어났습니다."

저출산으로 학생수가 엄청나게 줄었는데 이주배경학생은 크게 늘었네요.
"그렇습니다. 2013년 대전의 초·중·고의 총 학생 수는 21만 8005명이었지만, 10년이 지난 2023년에는 15만 4733명입니다. 최근 10년 사이에 초·중·고의 재학생 수가 무려 6만 3272명이나 줄어든 것이지요. 반면에 이주배경학생은 매년 늘어나는 추세라고 볼 수 있습니다."

대체로 어느 나라를 배경으로 하는 다문화가정이 많은가요?

"아무래도 국제결혼으로 인한 다문화가정이 많습니다. 배우자가 중국, 베트남, 캄보디아, 일본, 필리핀, 태국, 인도네시아 등으로 아시아계가 압도적으로 많아요. 또 중도입국하여 학교에 다니는 우리 지역 학생들도 190명이나 된다고 합니다."

이주배경학생의 교육은 어떠한 상태에 놓여있나요?

"국내 다문화가정에 대한 가장 최신 조사가 여성가족부의 '2021년 전국다문화가족실태조사'입니다. 여기에 따르면 학교에 다니는 이주배경학생의 학교 적응은 5점 만점에 4.23점으로 2015년(4.53점)과 2018년(4.33점)에 비해서 해마다 낮아지는 추세라고 합니다. 적응하지 못하는 이유는 '학교공부가 어려워서'가 56.2%로 가장 높았다고 합니다. 학업성적에 대한 질문에도 보통(55.2%)이라고 하거나 못하는 편 또는 매우 못한다고(9.6%) 응답하여 63.8%가 학업에 대한 자존감이 낮다고 볼 수 있지요."

아무래도 우리 교육은 입시경쟁교육이 중심을 이루기 때문에 학업성적이 낮은 이주배경학생은 학교생활에서 소외될 여지가 상당하다고 추측할 수 있겠네요.

"그렇습니다. 앞서 말한 실태조사에 따르면 이주배경학생은 학업중단율이 높고, 대학진학률도 전체 학생의 71.5%와 비교하면 40.5%로 매우 낮습니다. 지금이야말로 교육청 차원에서도 중장기적인 교육정책을 세워야 할 때라고 생각합니다."

우리의 학교 현장은 그러잖아도 부모의 소득에 따라 학력격차가 나타나는 양극화 문제가 심각한 상태인데 이주배경학생은 더더욱 그렇다고 봐

야겠군요. 그리고 외국에서 자라다가 입국한 학생이 학교생활에 큰 어려움을 겪는다고 하던데요.

"중도입국 학생의 경우에는 한국어를 몰라 학교 수업을 따라가기 어렵습니다. 또 외국 교육과정과 우리가 다르기 때문에 더 어렵다고 해요. 그 친구들도 자신의 능력을 개발할 수 있는 기회를 갖도록 특별한 대책이 필요합니다."

이주배경학생을 '도움을 줄 존재'로 보아서는 안 된다는 시각이 있던데요?

"그 친구들을 '도와줘야 할 아이'라고 보는 시각으로부터 차별이 생긴다고 봐야죠."

그렇다면 어떻게 접근해야 할까요?

"이주배경학생으로 인해 자연스럽게 국제적 문화 다양성을 배울 수 있어서 학교 구성원에게 도움이 된다는 인식이 필요합니다. 그런 차원의 교육정책이 만들어지도록 해야 하지요."

그런 차원으로 접근한 지역도 있나요?

"경기도교육청이 다문화교육 정책의 패러다임 변화 및 글로벌 인재 양성을 위한 공립형 국제학교 설립을 추진한다고 지난 6월 18일 발표했습니다. 2028년 개교를 목표로 경기 안산시 대부도에 '(가칭) 경기안산국제학교'를 설립할 계획이라네요."

그 학교에 특별한 점이 있나요?

"다문화 학생의 이중언어 활용 강점과 문화 다양성 등을 기반으로 한 글로벌 인재 양성을 꾀한다고 합니다. 다문화 학생과 일반 학생의 동반 성장으로 사회통합에 이바지하고, 국제사회 구성원으로의 성장을 지원하는 것이 목표랍니다."

우리가 기존에 알고 있는 일반적인 국제학교와는 전혀 다르겠네요.
　"맞습니다. 이 학교는 다양한 배경을 지닌 학생이 모여서 새로움을 마음껏 만들어가자는 취지로 현행법의 제한을 받지 않고 교육과정을 자유롭게 세울 수 있는 공립형 대안학교로 등록할 예정이라고 합니다."

중도입국 학생을 위한 학교를 만들겠다는 지역도 있다면서요?
　"충북도교육청은 지난 6월 26일, '한국어학교'를 설립할 계획이라고 밝혔어요. 한국말이 서툴러 수업과 학교 적응에 어려움을 겪는 이주배경학생에게 일정 기간 체계적으로 한국어를 교육하고 학교 적응 프로그램을 운영하는 학교이고요. 교육이 끝나면 원래 학교로 복귀시킬 예정이라고 합니다."

대전도 교육청 차원에서 선도적으로 이주배경학생을 위한 정책이 만들어졌으면 좋겠네요.
　"그렇게 되기를 소망합니다. 다음엔 제가 생각하는 대전형 다문화 교육에 대해서 말씀드리도록 하겠습니다."

디트뉴스24 [성광진의 교육통(通)] 2024.09.30.

학교의 담을 넘어
더불어 교육

입시경쟁과 성적 지상주의 등의 여러 문제를 안고 있는 우리 교육의 대안을 어디에서 찾을 수 있을까? 다양한 방안으로 오랫동안 교육의 모순과 부조리를 바꾸기 위해 노력했다지만 뚜렷한 해결방안은 보이지 않는다.

최근에는 북유럽의 교육선진국에서 해법을 찾았지만 사회적 배경과 역사가 달라서 한국사회에 그대로 적용하기는 쉽지 않은 현실이다. 입시경쟁으로 인한 사교육은 유아에서부터 시작하여 대학생에 이르기까지 온 국민에게 부담이 되고 출산율을 낮추는 원인이 되었다. 문제는 상황이 더 악화만 될 뿐 뚜렷한 해결책은 보이지 않는다는 것이다.

오랫동안 우리는 학교의 교육과정과 사교육에서의 학습만이 공부라고 생각해왔다. 그러다 보니 아이들은 자신이 사는 마을에서 더불어 살아가는 이웃들에 대해 무관심하게 살아가고 있다. 자신들이 살아가야 할 마을을 제대로 이해하고 더불어 행복하게 살아가려면 어떤 것이 필요한가를 스스로 터득해야 한다. 그래서 이제는 학교의 담을 헐어야 한다. 아이들이 마을에서 자신을 돌아보고 세상과 연결하며 진로를 탐색하는 교육과정을 만들어 나가기를 바란다.

마을이 학교보다 세상의 흐름에 더 빠르게 적응한다. 따라서 학생들에게 세상에 제대로 적응하도록 안내해 줄 수 있다. 또 마을에서는 학교에서 배울 수 없는 것을 가르칠 수 있다. 학교의 담 속에서 오로지 국·영·수에 몰두하며 점수를 올리는 것만이 공부인 것처럼 생각하는 태도를 버리자. 아이들에게 진정한 배움의 즐거움을 줄 수 있는 다른 형태의 교육과정에 대해 생각해 본다. 그래서 학교가 마을과 함께 행복한 삶을 가꾸어가는 즐거운 배움터를 만든다면 하나의 교육공동체로서 아이들에게 매우 유익할 것이다.

지역의 다양한 인물들을 통해 인생을 배우고, 노동의 현장에서 그 가치를 새기고, 텃밭에서 농사를 배우고, 공연 방문을 통해 예술을 사랑하게 되고, 지역의 향토문화로 사회와 역사를 이해하는 등 다양한 체험교육이 이루어지는 것이 마을교육이다. 아이들은 마을과 학교가 연결된 마을교육공동체 속의 다양한 체험교육활동을 통해서 자신의 취미와 특기를 계발하고 스스로 미래를 설계할 수 있는 기회를 얻게 될 것이다.

이러한 마을교육에서 가장 중요한 역할을 수행해야 하는 곳은 학교이다. 마을은 준비되어 있어도 학교나 교육청은 달가워하지 않는 것이 현실이다. 우리의 학교는 담을 넘어 마을과 관계를 맺을 준비가 되어 있지 않다. 학교의 교육과정은 교육부의 지침을 조금도 벗어날 수 없고, 성적지상주의에 물든 학교는 학생들을 경쟁교육으로 몰아가고 있다. 결국 아이들의 상상력은 성적에 의해 막히고, 부모의 등골만 휘는 사교육비만 늘어나고 있다.

마을과 학교를 연계하기 위해서는 우선적으로 마을교육공동체에 대한 교육청과 지자체의 확고한 의식이 선행되어야 한다. 학교가 마을과 교육적으로 더불어 성장할 수 있다는 확고한 의식을 가진 교육청과 지자체 내 리더들이 필요하다. 다음으로는 학교 내 선도적인 교사가 있어야 한다. 소수이더라도 희생적인 노력을 감당할 수 있는 선도 교사들이 있어야 기반을 마련할 수 있다.

　가장 중요한 것은 마을교육공동체를 만들기 위해 학교와 마을, 교육청, 지자체 등이 협력하고 연대하는 교육생태계를 조성해야 한다. 이를 위해서 마을교육공동체와 관련한 법령을 제정하여 마을학교의 설치 및 운영을 지원하고 나아가 교육협동조합 등이 만들어졌으면 한다. 대전에서도 학교와 지자체, 지역 주민들이 참여하는 마을교육공동체가 들불처럼 일어나길 기원한다.

디트뉴스24 [성광진의 교육통(通)] 2025.07.16.

지역개방학교

"우리 동네는 신혼부부가 들어와 살지 않아요. 집들도 단독주택이나 연립주택이 많은데, 젊은 사람들이 들어와 살아봤자 혼자 사는 친구들이고, 대부분 중장년층이나 노인들이에요. 과거에는 신혼부부들이 이곳 단독주택의 위층이나 연립주택에 세 들어 살았는데, 요즘에는 번듯한 아파트로 가지 이런데 오질 않아요."

"번듯하게 큰 학교에 애들이 몇 명 다니지를 않아요. 초등학교에는 학년마다 한두 학급이고, 가까이 있는 중학교도 전체가 대여섯 학급으로 운영되다 보니 조만간 폐교될 수도 있겠구나 생각되어요."

"아이들도 조금 멀더라도 큰 학교로 가려고 해요. 학교가 구리다고 하면서 전학시켜 달라고 해서 부모들도 고민이 많아요. 학생이 적으니 교사들의 관심이나 사랑도 많이 받겠거니 하지만 학교에 활력이 없어요. 행사를 해도 학생들이 적어 신나지 않아요. 교육청에서도 이웃 학교와 통합하고 싶어도 수십 년 전통의 학교다 보니, 졸업생들 눈치가 보이고 거기에다 남겨진 건물과 땅을 활용하는 것도 고민된다고 하고요."

원도심의 변두리 지역에서는 학교를 둘러싸고 이런 고민들이 두루 늘어나고 있다. 과거에는 대규모 학생들을 수용하던 학교 시설이 이제는 관리하기 힘든 상황으로 내몰리고 있다. 효율로만 따지면 당장 폐교하자는 주장에 마땅히 반론을 찾기가 어렵다. 그렇다면 이런 **학교들을 지역의 개방학교로 만들어 주민들과 학교를 공**

유하는 것이 어떨까?

　교실과 급식실, 음악실을 비롯한 특별실, 체육관, 운동장 같은 학교 시설들을 지역의 주민들에게 개방하여 성인들과 지역 아이들을 위한 각종 문화교실로 탈바꿈하는 것이다. 물론 재학 중인 학생들에게 피해가 가지 않고 공존하면서 도움을 줄 수 있는 방안으로 추진해야 할 것이다.

　예를 들자면 급식실을 이용해서 지역 주민이 요리교실을 열어 재학생이나 성인들에게 강의를 할 수 있게 한다. 초등학교나 중학교는 점심 급식만 하기 때문에 오후 늦게부터는 급식실 이용이 가능해진다.

　또 학교도서관도 주민들이 관리하면서 인문학 강의나 동아리 활동을 하기 좋은 장소이다. 다른 특별실이나 체육시설도 마찬가지다. 이렇게 지역주민이 학생교육을 방해하지 않는 조건 하에서 문화공간으로 학교를 활용할 수 있다면 주민이나 학교나 서로 도움이 될 수 있다.

　더 나아가 학급 규모가 작아 수업시수가 적은 선생님들이 자발적으로 성인 대상 프로그램을 만들어 강의할 수 있도록 한다면 좋을 것이다. 외국어나 인문학, 컴퓨터 관련은 물론이고 교사들이 가진 전문성이나 특별한 재능들을 이용하여 지역주민에게 질 높은 강의를 제공한다면, 학교는 지역사회에서 더 큰 존재감으로 자리 잡게 될 것이다. 물론 교사들만이 아니라 외부 전문가들도 초청하면 더욱 다채롭고 알찬 강의를 제공할 수 있을 것이다.

　현재 학교가 개방에 소극적인 이유는 아마도 안전 문제 때문일 것이다. 운동장이나 각종 시설에서 일어나는 각종 안전사고와 개방 시 드나드는 일부 성인들의 일탈이나, 재학생에 대한 위해가 걱정되기 때문이다. 이 같은 문제는 안전사고에 대한 보험과 시설 사용 주민들의 책임을 분명히 할 수 있는 조례를 만드는 등의 대책을 통해 보완할 수 있을 것이다. 시설 관리의 책임을 가볍게 해야 학교장이나 교사가 개방에 적극적으로 나설 수 있다. 이렇게 지역 주민들이 학교를 활용해서 각종 문화 활동에 참여하고 실생활에 필요한 유용한 지식과 기능을 얻을 수 있다면 젊은 부부들이 다른 지역으로 떠나가는 현상도 멈출 수 있지 않을까 기대해본다. 학교를 중심으로 마을공동체가 만들어진다면 주민들 간의 교류가 높아지면서 서로의 결속력이 더욱 끈끈해질 수 있기 때문이다. 미래는 평생교육의 시대이다.

워낙 변화가 빨라 사회가 원하는 지식과 정보와 기술을 시의 적절하게 습득하지 않으면 적응하기 힘들다. 이러한 시대적 요구에 따라 학교도 새로운 형태로 거듭나야 하는 시점이다. 이제는 경계를 풀고 필요한 누구에게나 학습을 제공할 수 있는 학교로 개방해야 할 때이다.

중도일보 『시사오디세이』 2021.08.16.

사회 정의와 민주주의 4

시대정신을 반영한 교육의 역할

우리 학생들이
민주주의의 소중함을 배워야 한다

　1945년 제2차 세계대전의 종전과 함께 독립한 나라들인 필리핀, 미얀마, 태국, 인도네시아, 한국은 1980년대까지 비슷한 경로의 정치적 경험을 갖고 있다. 대체로 독립 이후 경제, 정치에서 혼돈을 겪다 1960년대에 군사쿠데타를 통해 군부의 힘을 기반으로 하는 정권이 들어섰다.

　이후 20년에 걸친 권위적이고 독재적인 철권통치로 악명이 높았던 마르코스 정권을 굴복시킨 1986년 필리핀의 민중혁명을 필두로 1987년 한국의 6월 민주항쟁이 뒤를 이었다. 그 다음해인 1988년에는 미얀마에서 네윈 군부정권에 항거하는 민주화 시위가 뒤를 이었고, 1997년 인도네시아에서도 민주항쟁으로 33년을 집권한 수하르토 정권에 물러나게 되었다.

　이러한 나라 가운데 한국은 개발도상국에서 선진국으로 진입한 유일한 나라가 되었다. 그것은 국민 모두가 잘 살기 위한 피나는 노력도 있었지만, 거기에 더해 민주주의를 올바로 세우기 위한 끊임없는 노력 덕분이 아닌가 한다. 대체로 반민주 독재정권이 오랫동안 지속한 나라일수록 경제발전도 뒤처지게 되는 현실이 일반적인 상황이었다.

　우리는 과거와 달리 세계가 교통과 통신의 발달로 훨씬 가까워지고 인터넷에서는 하나가 된 세상에 살고 있다. 따라서 전 세계에서 벌어지는 반 인권적인 상황을 남의 나라 사정으로 생각할 수 없다. 다른 나라에서 일어나는 민주화운동을 살펴보고 세계 시민으로서

도움을 줄 수 방법을 찾아야 한다.

특히 미얀마와 같이 군부독재정권이 민주화를 요구하는 군중들에게 총격을 가해 수천 명에 이르는 사상자를 내는 무도한 상황에 대해 관심을 갖고 비판하여야 한다. 이 나라는 넓은 국토와 넘쳐나는 자원에도 불구하고 독재정권으로 인해 정치발전이 뒤처지면서 동남아에서 경제적으로도 가장 취약한 나라 중 하나이다. 민주주의를 추구하는 모든 세계인들이 연대하여 극악무도한 미얀마 군부정권을 비판하고 미얀마 국민들을 지원해야 한다. 한국도 과거 민주화운동 과정에서 다른 민주국가들의 연대와 지지, 격려가 있었기에 큰 힘을 얻을 수 있었다.

민주주의는 인간을 보다 인간답게 살아갈 수 있게 하는 바탕이 되고 있다. 따라서 민주주의의 소중함을 더욱 적극적으로 가르쳐야 한다. 특히 학교가 민주주의의 배움터가 될 수 있도록 학교자치를 모범적으로 보여주어야 한다. 학급회의가 활성화되어야 하고 학생회가 학교의 중요한 결정에 참여할 수 있는 권한을 부여하여 학교에서 민주주의를 몸으로 체험할 수 있도록 해야 한다.

인간이 인간을 존중하고 배려하는 것이 민주주의의 본질이다. 그런데 친구를 경쟁상대로만 보게 하는 성적지상주의가 학교에서 판을 친다. 주변의 사회적 약자들을 존중하고 서로 다른 생각을 배려하여 행동하는 것이 필요하다. 따라서 지나친 성적 중심, 입시 중심의 교육에서 벗어나서 다른 사람과 더불어 살아가는 민주적 사고를 배우는 학교가 되었으면 한다. 더 나아가 우리 학생들이 다른 나라의 민주화 운동에도 관심을 갖고 연대할 수 있는 세계시민으로 성장했으면 한다.

디트뉴스24 [성광진의 교육통(通)] 2021.07.22.

미래가 뒷걸음쳤다!
_'2028학년도 대학입시제도 개편 시안'

　우리의 미래는 교육에 달려 있다. 교육에서 가장 중요한 것은 '학교에서 무엇을 배우는가'이다. 그래서 국가는 초·중등학교에서 운영하여야 할 학교 교육과정의 공통적이고 일반적인 기준을 제시하고 있다. 우리가 맞닥뜨리고 있는 사회는 IT기술의 급격한 발달로 정보혁명의 시대이며 기술적인 측면에서는 디지털 혁명이라고 한다. 인간을 둘러싼 모든 환경을 디지털적 세계와 결합하여 빅 데이터에 통합시키는 시대가 도래했다. 이와 함께 지식과 정보, 기술의 전수를 학교가 독점하던 시대는 지나갔다.

　인공지능을 이용한 학습 기술이 발달하면 학교는 존재 자체의 위기에 놓일 수도 있다. 따라서 미래 세대를 위한 교육과정의 변화가 절실한 때이다. 지금 과연 우리의 교육 시스템은 제대로 작동하고 있는 것인가? 참으로 안타까운 것은 한국의 교육과정은 입시제도에 의해 좌우된다. 아이들이 무엇을 배워야 미래 사회에서 잘 적응할 것인가에 대해 고민하기보다 대학교 입시의 '공정'이라는 기치 아래 저마다 의견이 난무한다. 그래서 내신과 수능을 중심으로 변별력을 높여내고 학생들의 성적을 대학 서열대로 맞춰서 줄 세우기에 급급한 현실이다.

　또 한 번의 입시제도 개편 방안이 나왔지만 결국 그 나물에 그 밥이 되었다. 심지어는 퇴보하였다. 수능을 자격고사로 전환하고, 내신에서 절대평가를 하면서 대학들의 서열을 완화하기 위한 노력을 해야 한다는 미래 비전의 교육개혁에 대한 기대는 무산되었다.

지난 10월 10일 교육부는 올해 중학교 2학년 학생들에게 적용될 '2028학년도 대학입시제도 개편 시안'을 발표하였다. 개편 시안에서는 2028학년도 대입 수능부터 국어, 수학, 탐구에 선택과목을 없애고, 2025년부터 고교 내신을 모든 과목에 걸쳐 5등급 상대평가로 개편하기로 했다.

또, 수능 과목은 기존 44개에서 24개로 대폭 축소된다. 수능을 공통과목으로만 출제하면 입시 부담을 줄인 것처럼 보이지만, 수험생의 입장에서는 꼭 그렇지만은 않다. 왜냐하면 현행 수능시험에서 국어와 수학 영역은 공통과목과 함께 선택과목 중 한 과목을 응시하면 되고, 사회탐구와 과학탐구 영역은 선택과목 중 최대 2과목을 응시하면 되었다. 하지만 국어 영역만 하더라도 공통과목(독서·문학)과 화법과작문, 언어와매체 중 한 과목을 선택해 두 과목만 응시하던 것이 공통과목인 화법과언어, 독서와작문, 문학을 모두 대비해야 한다.

현재 고교 교과는 1학년이 주로 배우는 공통과목과 2~3학년에서 진로·적성에 따라 배우는 일반선택 과목과 진로선택 과목이 있다. 진로선택 과목에는 성취도 기준 A~C등급만 매기는 절대평가를 하고 있고 공통과목과 일반선택 과목(예체능 제외)에는 9등급 상대평가를 적용하고 있다.

하지만 공통과목은 물론 모든 선택과목에 A~E 5단계 절대평가와 함께 석차를 기준으로 한 5등급 상대평가가 도입된다. 절대평가를 하기로 했던 내신 평가를 상대평가하기로 한 이유로 교육부는 고사와 학부모가 수용할 만한 준비가 부족하다는 핑계를 대고 있다.

또 선택 과목에 따른 유 불리 문제를 해소하고 입시 체계의 안정성을 꾀한 조처라고도 한다. 하지만 과연 이 문제는 그렇게 쉽게 방향을 틀어도 좋은 사안인지 묻지 않을 수 없다.

시안 발표 후에 한 사설입시업체(종로학원)가 곧바로 실시한 학부모 여론조사를 보면 학부모 1085명 가운데 83%가 개편안의 영향으로 자율형사립고와 특수목적고의 선호도가 증가할 것이라고 내다봤다. 내신 상대평가를 현행 9등급 체계에서 5등급으로 완화하면 학생들의 내신 부담이 줄어들게 된다.

이렇게 되면 수능이 더 중요해지고, 성적 상위권 학생이 몰려드는 자사고와 특목고의 내신에서 불리한 단점도 지금보다 더 해소될 수 있게 된다. 결국 5등급 상대평가로 바뀌는 내신보다는 변별력이 높은 수능의 영향력이 더욱 커질 것이다. 또 문·이과 구분이 완전히 사라지게 되면 수능에서 가장 영향력이 높은 과목은 '수학'이 될 수 있다.

이러한 개편 방향으로 이득을 누리게 된 집단은 누구일까? 당연히 질 높은 선행학습으로 초등학교에서부터 무장된 고소득 상위 계층일 가능성이 높다. 2028학년도는 원하는 과목을 선택해 듣고 일정 과목을 이수하면 졸업하는 고교학점제로 수업을 듣는 고등학생이 치르는 첫 대입인 만큼, 획일적인 줄 세우기인 상대평가와 같은 고질적인 교육 문제를 개선할 수 있을 것이라고 기대했다.

그러나 2028 대입 개편안이 내신과 수능 모두 상대평가를 통한 변별력을 유지하는 형태로 나오면서 줄 세우기 방식의 대입 경쟁은 결코 변화하지 않을 것이라는 교육부의 의지가 읽힌다.

2019년부터 이어온 서울 상위 16개 대학의 정시 40% 정책으로 인해 나타난 폐해를 살펴보자. N수생이 빠르게 늘기 시작해 2024학년도 수능 원서접수에서는 졸업생과 검정고시 출신의 N수생 비중이 35%(17만 7942명)로 28년 만에 최고치를 기록했다. 더욱이 재수, 삼수를 하더라도 수능만 잘 본다면 지방대에서 서울의 대학으로 갈 수 있다는 기대는 지방 인재를 싹쓸이하는 상황을 만들고 있다. 서울지역 대학의 정시 40% 선발이 재수생 양산과 지방대 외면의 주범이 된 셈이다.

대학 진학에 몇 년씩 허비하는 청년들의 사회적 비용과 그들의 좌절에 따른 고통을 생각해 보라. 입시정책 하나가 가져온 폐해를 살펴보면 만약 이 시안이 그대로 굳어진다면 어떠할까? 자사고 특목고 입학을 둘러싼 경쟁은 더욱 치열해지면서 시대에 뒤떨어진 초등학교에서부터의 선행학습 열풍만 더욱 가속화될 것이다.

내신에서 논·서술형 평가에서 상대평가를 병기하기로 한 부분도 문제다. 이렇게 되면 창의적이고 논리적인 역량을 키우겠다고 도입한 평가가 아무런 도움이 되지 않게 된다. 왜냐면 상대평가에서는 답이 명확하지 않을 경우, 학생과 학부모가 반발할 가능성이 높다. 이런 부담이 존재하면 교사들은 서술형 시험에서 명확하고도 분명한 답안이 나올 수 있도록 출제할 수밖에 없다. 창의적인 답안을 기대할 수가 없는 것이다. 내신에서 논·서술형 평가를 확대하겠다는 취지와는 반대되는 상황이 벌어지는 것이다.

본질은 전혀 변하지 않았다. 여전히 수능은 5지선다형 객관식에 9등급 상대평가이며, 내신에서도 상대평가가 존재한다. 더욱이 내신에서의 논·서술형 도입 또한 상대평가로 인해 무력화될 가능성이 높게 점쳐진다.

결국 현재의 입시 체제를 그대로 존속시키면서 고등학교에서의 입시경쟁을 부추기자는 것이 이 개편 시안의 골자다. 2028 대입 개편안은 여전히 어두운 우리 교육의 미래를 더욱 암담하게 만드는 역할을 톡톡히 할 것이다. 결국 세계에서 가장 빠르게 인구가 줄어드는 나라에서 또다시 저출산의 요인만 하나가 더 추가되는 셈이다.

디트뉴스24 [성광진의 교육통(通)] 2023.12.19

의대 입학정원 확대와
무전공 선발이 좋기만 할까?

　의대 모집인원이 4567명으로 작년보다 1509명이나 늘었다. 의대 입학정원은 전체 대학의 1%에 불과하지만, 대입 판도에 미치는 영향은 크다. 입시 피라미드의 최상단에 위치해 있기 때문이다. 입시 관계자들은 입학정원의 확대로 의대 합격선이 내려가면 치대·한의대·약대와 이공계열 등의 합격선도 잇따라 내려가리라고 예상한다.
　이에 차상위권 수험생들은 의대가 아닌 다른 학과에 합격하기가 수월해진다는 것이다. 하지만 의대 진학을 염두에 둔 재학생 수험생들이 마냥 좋아할 일은 아닐 수 있다. 의대 진학을 꿈꾸는 재수생들과 반수생들이 대대적으로 몰려들면서, 재학생들은 도리어 밀려날 수 있기 때문이다. 내신 성적이 최상위권이었던 이공계 대학생들의 일부는 수능만 잘 치른다면 의대에 진학할 수 있다는 희망을 갖고 경쟁에 뛰어들 수 있다. 또 인문계 쪽에서도 의대 진학을 노리는 반수생들이 많이 늘어날 거라는 예측도 있다. 이렇게 되면 의대 지망 재학생들이 작년보다 더 치열한 경쟁을 치러야 하는 상황이 된다.

　더욱이 고래 싸움에 새우등 터지는 격으로 수시 전형으로 수도권 대학의 이공계열을 지망하는 상위권 지방 수험생들이 생각지 못한 벽에 부딪힐 수 있다. 지방 학생이 서울 소재 입시 상위권 대학에 진학하기 위해선 학생부종합전형을 비롯한 수시 전형이 가장 유리하다. 하지만 수능 최저 등급이라는 관문을 통과해야 한다. 그런데 갑자기 늘어난 N수생들이 수능 최상위 등급을 차지하게 되면 수능 최저 등급에서 탈락할 상황이 올 수도 있다는 것이다.

결국 의대 정원 확대로 인해 이공계 대학을 지망하려던 상위권 수험생들이 어려움을 겪을 수 있다. 의대 증원이 최상위권과 상위권 수험생의 입시에 영향을 미친다면, 올해 대폭 확대된 전공자율선택제(무전공)에 의한 선발은 상위권과 중위권 등의 수험생들에게 영향을 미치는 변수다.

전공 없이 입학한 뒤 진로를 탐색하고 2학년으로 올라갈 때 전공을 자유롭게 선택하도록 하는 것이 무전공 선발이다. 신입생들에게 진로 탐색 기간을 제공하는 순기능도 일부 있다. 하지만 무전공 선발이 2025학년 대학 입시에서 기존의 4배로 확대됨에 따라, 입시에 큰 변수가 될 수 있다. 무전공 선발 인원은 수도권 대학 51곳과 국립대 22곳에서 전체 모집인원의 28.6%인 3만7935명이다. 지난해보다 모집인원이 4배 가까이 늘어난 것이다.

기존 학과의 정원을 감축해 무전공 선발 인원이 늘어나기 때문에 다른 학과의 정원이 줄어들 수밖에 없다. 이에 따라 어문계열과 역사과, 철학과 등은 수시모집 인원이 한 자릿수 안팎인 수도권 대학이 많아 여기에 지원하려는 수험생들은 걱정이 많다. 학과의 정원이 줄어들어 합격선 예측이 어려워지기 때문이다. 이들 학과를 목표로 수시모집에 대비해 온 지방 수험생들이 더욱 어려운 상황에 놓이지 않을까 우려되는 것이다.

무전공 선발은 내년부터 전면 도입되는 고교학점제와 충돌하는 점에서도 문제가 많다. 고교학점제는 학생 스스로 진로·적성에 따라 원하는 과목을 선택하여 상급학교 진학에 활용하려는 목적에서 도입되었다. 그러나 무전공 선발이 확대되면 고교학점제 취지가 무색해질 수밖에 없다. 이 때문에 교육부가 현장의 의견을 제대로 수렴하지도 않았을 뿐 아니라, 나타날 문제점에 대한 대비책도 없다는 볼멘 목소리가 교사들로부터 나오고 있다. 의대 정원 확대가 최선일지는 모르겠으나, '초등의대반'의 전국적 확산에서 보듯 우리 사회의 사교육 광풍을 더욱 부채질한 것이 현실이다. 무전공 선발도 수험생들을 혼란에 빠뜨리고 있다. 이렇게 무계획적이고, 지엽적인 대입 정책의 변화는 직접 당사자인 수험생들과 학부모들을 더욱더 힘들게 할 뿐이다.

교육부가 매년 발표하는 입시 정책마다 경쟁을 더욱 부채질하여 사교육비만 점점 늘어나고 있다. 이렇게 자란 우리의 청년들이 치열한 경쟁을 겪으면서 받은 심리적 상처로 인해 결혼도 미루고, 출산도 거부하는 것은 아닐까?

디트뉴스24 [성광진의 교육통(通)] 2024.07.09.

'묻지마 의대' 쏠림 현상과 '건폭' 논란

　대학 입시에서 의학 계열 대학 쏠림 현상이 점점 두드러지고 있다. '초등 의대 입시반'이 성행할 정도로 '묻지마 의대'를 향한 사교육 열풍도 대단하다.

　최근 한 사교육업체가 조사한 바에 따르면 초등학생 5명 중 1명은 의대 진학을 목표로 공부하는 것으로 확인됐다는 것이다. 올해 대학 입시에서 소위 서울 최고의 입시명문 공대에 수시 합격한 학생들이 대거 등록을 포기하고 지방대 의대로 간 사실이 언론에 요란하게 보도되었다.

　이렇게 의대에 입시성적 최고점자들이 몰리는 이유는 무엇일까? 한 의대입시 컨설팅업체의 설명을 들어보자. 첫째, 의사는 평생 안정성을 보장받는 직업으로 7,80대의 노년이 되어서도 활동이 가능한 직업이라는 점, 둘째, 다른 전문직과는 달리 학벌, 성적과 관계없이 의사 면허만으로 연봉 수억 원의 고소득을 보장받고, 사회로부터 존중받는다는 것이다. 거기에 더해 의사 면허로 다양한 분야로 진출할 수 있다고 의대 진학의 장점을 열거하고 있다.

　그런데 이러한 장점이 극대화된 계기는 무엇보다 의대 정원의 동결이라고 본다. 지난 2000년 의약분업 갈등으로 인한 의사 파업(집단휴진)투쟁 이후, 정부와 의사들의 합의로 의대정원을 2007년까지 단계적으로 10%인 351명을 줄인 것이다. 당시 많은 대학들이 의대를 신설하거나 증원하려는 상황이었지만, 이 합의로 정원은 도리어 줄어들게 되었다. 그리하여 의대 정원은 2006년 이후 올해까지 17

년째 3천 58명으로 동결돼왔다.

의대 정원의 동결을 관철해낸 의사들 입장에서는 이는 매우 현명한 선택이었다. 의약분업으로 당장의 손실을 받아들인 대신에 의대 정원을 줄이고 동결시켜서 얻은 이득이 훨씬 컸다. 지난 20년 동안 우리 사회는 소득도 늘고 고령화되면서 의료 수요는 더욱 확대되어 왔다. 반면에 의대정원은 그대로이기 때문에 의사들은 최고의 고소득자이자 선망 받는 직업이 된 것이다. 이에 따라 매년 입시에서의 최고 득점자들이 의대를 향하였던 것이다. 의사들의 위상이 천정부지로 높아졌기 때문이다.

코로나19가 유행하던 2020년에 정부는 의대 정원을 매년 400명 늘려 10년 동안 의사 4천명을 충원하는 방안을 추진했지만, 의사들은 집단행동으로 이를 막아냈다. 의사들의 집단행동은 노동조합의 파업을 방불케 하였고, 집단휴진은 인간의 생명을 담보로 하는 투쟁이라는 비판도 있었지만 그들의 요구는 받아들여졌다. 의사들의 이러한 투쟁은 의사 자신들의 사회적 위상을 높였을 뿐 아니라, 입시에서 최고점 학생들의 쏠림을 낳았다.

지난 3월2일 현대자동차가 생산직을 뽑는다는 400명 채용 공고가 나간 뒤 지원자가 10만 명이상 몰렸다고 한다. 현대차 생산직의 평균 연봉은 2021년 기준 약 9600만원에 달하고 만 60세 정년 보장과 병원비와 자녀 대학교 등록금 지원 등 복지 혜택까지 우수하니 몰릴 만도 하다.

그런데 이런 생산직의 대우는 어디에서 비롯된 것일까? 물론 회사의 지속적인 성장도 있었지만, 노조의 끊임없는 노동조건 개선과 임금 인상의 요구가 있었기에 가능했다. 자본주의 세상에서 이익의 분배는 거저 얻어지는 게 아니다. 어떤 집단이든 자신들의 권익은 자신들의 요구와 투쟁으로 보장받을 수 있다.

그런데 이 당연한 요구와 투쟁이 특정 집단에게만 비판을 넘어 가혹한 탄압으로 죽음으로 몰고 가고 있는지 안타깝다. 일용직 건설노동자들은 우리 사회의 가장 취약한 계층에 속한다. 속칭 '노가다'라고 불리며, 천한 일을 하는 사람들이라는 인식이 크다.

그것은 이들이 처한 열악한 노동조건에서 비롯된 것이다. 이에 맞서 건설노동자들은 비참한 상황을 개선하기 위해 집단적 목소리를 내기 시작했고, 최근에 와서야 건설사들과 교섭하여 노동조건 개선을 이끌어 내었다.

일용직인 건설노동자는 짧게 1~2주, 길면 수개월의 계약이 끝나면 곧바로 실직이다. 고용될 때마다 소개업자에게 사례를 해야 하고, 그마저도 하청업체가 직고용을 꺼려 2차, 3차 하청업체로 불법 취업하는 일이 다반사다. 한마디로 건설노동자는 늘 고용불안에 시달리고 있는 것이다.

이런 현실에서 민주노총 건설노조의 조합원 채용 요구는 중간 소개비를 없애고 일감을 안정적으로 유지하는 역할을 한다고 한다. 지난 노동절에 분신한 건설노조 간부가 맡은 일은 이러한 조합원 채용 요구였다. 검찰은 그를 비롯한 노조 간부 3명을 조합원 채용 강요 행위(업무방해)로 구속영장을 청구했던 것이다.

건설노조는 지난 2021년 하청업체 협회 쪽과 단체협약을 맺고 유급휴일수당 인상과 토요일 오후 3시 퇴근, 노동자 신체에 맞는 안전보호구 지급 등을 명문화했다. 이러한 노동조건의 개선은 그들의 직업적 위상을 높이고 자긍심을 갖도록 한다.

의사들이 인간의 생명과 건강을 다루기 때문에 존중받아야 한다면, 건설노동자들은 우리가 살아가는 집을 비롯하여 건축물을 짓는 중대한 일들 하는 사람들이다. 이들의 노동조건과 임금이 개선되어야 건설노동자들의 삶이 조금이라도 나아지게 된다. 그래야 건설노동자를 지망하는 청년들이 늘어난다. 기능이 뛰어나고 숙련된 건설노동자들이 있어야 건설업도 발전할 수 있다.

　의사들이 자신들의 이익을 보호하는 것과 건설노동자들이 안전하고 안정된 일터에서 일하고자 하는 것이 무엇이 다른가? 우리의 아이들이 자라나 보람과 자부심으로 건설노동자가 될 수 있느냐는 결국 지금의 건설노동자들의 단결과 투쟁에 달려있다.

　건설노동자를 양성하는 직업학교에 청소년들이 쏠리는 현상을 보고 싶다.

디트뉴스24 [성광진의 교육통(通)] 2023.05.29.

교육 개혁의 선결 조건은 무엇인가?

우리 교육이 현재 마주하고 있는 질곡과 부조리의 원인에 대해서는 진보와 보수를 막론하고 비슷한 견해를 갖고 있는 듯하다. 대부분의 각종 교육 설문에서도 '과도한 입시 경쟁과 학벌주의'를 우리 교육의 가장 큰 문제점이라 지적한다. 학교 교육이 점수 따기에 급급한 대학입시에 매몰되면서 다수의 학생들은 열등감에 시달리고 있고 청소년의 자살이 세계 최고 수준이다. 이 지적에 대해서는 교사들도 대부분 공감하는 바가 크다. 또 획일적인 교육과정과 관료 중심의 교육체계는 시대가 변해도 달라진 것이 없으며, 세계에서 가장 높은 대학 진학률은 과도하고 비효율적이다.

더욱이 저출산과 교육의 수도권 집중은 갈수록 지방교육을 위축시키고 있다. 여기까지의 문제점을 지적하는 데는 누구나 공감하고 별다른 이견이 없다. 하지만 해결책에 대해서는 이념의 다양한 스펙트럼으로 인해 사회적으로 합의된 안이 없었다. 그동안 정권마다 개혁안을 제시하고 실행했지만, 실패만 거듭하거나 문제만 더 심화된 것이 사실이다. 사실상 70년대 시행된 중학교와 고등학교 평준화 이래로 개혁이라고 할 만한 정책도 없었다.

학력고사에서 수능이 도입되고 내신 반영 수시입시, 입시사정관 도입 등의 입시 정책들은 근본적인 개혁과는 거리가 멀었다. 학교 현장을 변화시켜야 근본적인 개혁이 이루어진다며 추진한 혁신학교는 오랫동안 이어진 전교조 교사들의 '참교육실천' 경험을 반영한 것이다. 진보교육감들을 중심으로 최근까지 10여 년 동안 다양한 실험이 이루어지고 성과도 있었지만, 현재 침체 분위기를 벗어나지 못하고 있다. 서울 일부 지역에서 학부모들이 학력을 이유로 혁신학교 지정을 강력하게 거부하면서 논란에 휩싸이고 말았다. 현장교사들은 급별로 올라갈수록 입시경쟁으로 인해 사실상 본래의 의도가 왜곡되거나 추진하기가 어려웠다고 한다.

결국 입시경쟁체제가 온존하는 이상 혁신학교도 제대로 추진할 수가 없었던 것이다. 그러나 이 사안은 우리 교육의 개혁에 중요한 단초를 제공하였다. 교육청과 학교장, 현장교사가 더불어 협력하여 추진한 유일한 개혁이었기 때문이었다. 교육개혁안이 실패를 거듭한 것은 추진이 일방적이고 관료 중심이었기 때문이다. 개혁의 주체는 정부와 교육행정관료들이었고 학교와 교사와 학생들은 개혁의 방관자가 되거나 대상이 되었다. 그나마 혁신학교가 반쪽의 성공이라도 거둘 수 있었던 것은 교사가 추진의 한 주체로 참여하였기 때문이다.

교사는 현장에서 교육을 담당하는 주체로서 이들의 참여와 협력이 개혁의 필수요소임에도 항상 개혁의 대상이 되거나 단순 실행자의 역할을 맡아왔다. 교육 주체가 참여하지 않는 혁신은 동력을 상실할 수밖에 없다. 최근에 도입하려는 디지털 AI교과서만 하더라도 사전에 교사들과 충분한 협의도 없이 일방적으로 추진하는 사안이다. 정책을 입안하고 도입하는 모든 과정에서 교사들이 참여하고 적극적인 협의를 거치는 사례가 보이지 않는다. 그동안의 개혁안은 교육 주체와의 협의와 협력이 없이 일방적으로 추진하는 것이 당연한 것이 되었다.

지금 개혁의 핵심과제인 입시경쟁교육의 변화를 위해서는 국민 다수의 동의와 실천이 필요하기 때문에 추진이 어려운 것이다. 대학의 서열화를 완화하고 지방대학을 살리고, 직업교육을 활성화하고, 학력 간 임금 격차를 줄이는 등의 노력은 관련 사회집단의 공감을 얻어내고 실천을 위한 동의와 참여를 필요로 하기 때문이다. 하지만 여기서 가장 중요한 주체는 교사, 교수와 같은 교육자와 더불어 학부모, 학생이다. 이들이 힘을 모아 지금의 교육환경을 바꾸기 위한 대규모 국민운동을 펼친다면, 견고해 보이는 입시경쟁교육도 결국은 혁신되고 말 것이다. 각종 개혁 정책을 추진하기 위한 선결 조건은 '누구와 더불어 개혁을 추진할 것이냐'이며, 추진 주체와 협치 하려는 개방적인 자세가 개혁 추진에서 중요한 요인이다.

디트뉴스24 [성광진의 교육통(通)] 2025.02.02.

수능 킬러문항 탓만 할 때인가
_ 지금은 담대한 발상이 필요한 때

1974년, 서울과 부산에 고등학교 평준화 제도가 처음으로 도입되었다. 그 다음 해에는 광주, 대구, 인천이 1979년에는 대전이 뒤를 이으며, 전국의 주요 대도시가 순차적으로 무시험 배정의 원칙에 따라 고등학교 평준화가 이루어졌다.

중학교에서는 이미 1969년 서울에서 중학교 입시가 폐지된 것을 시작으로 1970년에는 부산, 대구, 인천, 광주, 대전, 전주로 확대되었고, 1971년에는 대한민국 모든 지역에서 폐지되었다. 중고등학교의 입시 폐지와 평준화는 당시 교육계에서는 경천동지의 엄청난 사건이었다. 당시 학교 간 편차가 매우 큰 상황에서 시험 없이 추첨 배정한다는 것은 학생과 학부모 모두 그대로 받아들이기 어려운 일이었다.

학교의 연륜과 전통은 물론이고 시설과 교육의 질이 엄청난 차이를 빚고 있는 터에 학생의 능력 차이를 무시하고 무조건 강제 배정하겠다는 것은 충격적인 일이었다. 당시 서울과 부산이나 도청 소재지의 광역시에는 명문고들이 있어 대학 입시에서 타의 주종의 불허했다. 서울의 서너 개 고교가 수백 명씩을 서울대에 입학시켰고, 지역의 명문고에서도 각기 백여 명 가까이 보내던 시절이었다. 지역의 인재들을 싹쓸이했기 때문이다.

이런 학교에 보낼 수 있다고 믿는 학부모들은 엄청난 분노에 휩싸였지만, 화를 삭이지 않을 수 없었다. 반대 목소리가 아예 차단된 시대였기 때문이다. 당시는 유신독재 시절이었다. 1974년에는 헌법 개정 논의조차 금지시키고 비상군법회의를 설치하여 다스리는 긴급조치 시대였다. 그해 4월에는 민청학련사건까지 터지면서 사회는 극속히 경색되었다. 반대가 차단된 상황에서 이 제도는 초창기의 많은 혼란에도 불구하고 점차 제대로 자리 잡게 되었다.

그리고 그 결과는 매우 긍정적이었다. 우선, 초·중학교 교육을 정상화하는 데 크게 이바지했다고 평가할 수 있다. 한때나마 초·중학교 학생들을 과중한 입시 부담에서 해방시켜 전인적 발달을 도모할 수 있는 여건을 만들었다. 또 지역 간, 학교 간 교육 격차가 완화되는 효과를 가져왔다.

무엇보다 평준화는 지역별 고등학교 학벌로 끼리끼리 뭉쳐 폐해를 낳을 수 있는 관료 체제와 지역 토호 세력의 카르텔을 깨는 데도 크게 이바지했다. 당시는 지역마다 특정 고교 학벌들이 법조, 의료, 공무원 사회 등 주요 요직을 차지하여 편중된 권력이 나타나던 시절이었다. 그 이후 평준화는 1990년대 들어 특수목적고의 설립과, 근래 들어 자사고의 허용으로 퇴색하고 말았으나, 아직도 평준화의 큰 틀은 유지하고 있다고 보아야 한다.

한편 그 이후, 우리의 교육은 개혁다운 개혁을 제대로 추진하지 못한 채 학생과 학부모만 더욱 어려운 지경으로 내몰고 있는 것이 아닌가 생각된다. 가장 큰 문제는 수도권 대학으로의 집중화와 대학의 서열화이다. 대학의 체질 개선이나 교육의 질 문제는 제쳐두고 오로지 입시에 의해서 서열화된 대학에 학생들을 효과적으로 배정하려는 데 초점이 맞춰졌다. 그러다 보니 대학 입시가 곧 교육의 모든 것을 좌우하는 세상이 되었다. 그에 따라 사교육 시장은 더욱 가열되었다.

이로 인해 나타난 모순과 부작용을 개선하기 위해 수십 년째 제도를 개선하려고 했으나, 그저 지엽적인 내용에만 매달려 왈가왈부하는 통에 전혀 진전이 없었다. 입시 경쟁은 갈수록 치열해지고, 사교육 의존도만 더욱 높아졌던 것이다.

전임 문재인 정부는 입시경쟁을 완화하기 위해 여러 차례에 걸쳐 수능 개편 방안을 추진했다. 집권 초기 수능을 상대평가에서 절대평가도 전환하는 방안을 추진했지만, 여론은 그다지 호의적이지 않았다. 그러자 5백여 명의 시민참여를 바탕으로 하는 공론화위원회가 만들어졌다. 지역을 순회하며 토론회를 여는 등 민주적인 의사결정 속에서 바람직한 결과가 나올 것이라는 기대가 컸다. 하지만 공론화는 '합의된 결론'을 내놓지 못했다.

수능 위주 전형의 비중을 높이자는 안과 수능의 절대평가화 방안이 팽팽하게 맞섰던 것이다. 결국 27억 원의 예산과 공을 들였지만 현행 유지가 결론이었다. 시민 참여단은 각자의 입장을 달리하는 사람들로 구성되어 미래를 바라보기보다는 현실에 기울어지기 쉬운 구조였다. 이 복잡한 문제를 비전문가에게 맡겨 공론에 부치는 것은 비관적인 결과를 가져올 것이라는 일부 교원단체들의 예측은 그대로 맞아떨어졌다. 문재인 정부의 사례는 서로의 입장과 이해관계가 다른 집단끼리 첨예하게 대립하는 지금 이 시대에 교육을 개혁한다는 것이 얼마나 어려운지 보여주고 있다.

하지만 지금은 반드시 교육 개혁이 필요한 시기이다. 1970년대의 백만 명 출생 시대에서 지금은 겨우 이십오만 명 출생 시대이다. 이런 급격한 고령화로 인해 미래의 젊은이들이 부담해야 할 사회적 복지비용이 지금보다 엄청나게 커질 수밖에 없다. 단순하게 계산하자면 백만 명 세대를 이십오만 명 세대가 짊어져야 하는 시대가 나타나게 된 것이다. 따라서 이들 출생아들을 모두 좋은 교육으로 이끌어 미래에 어떻게 행복한 삶을 영위할 수 있도록 할 것이냐에 초점을 맞춰 개혁을 해야 한다. 그렇지 않으면 지금 성인들의 미래는 파산에 놓이고 말지도 모른다.

　수능 문제를 개선한다고 해서 공교육이 정상화되고, 사교육의 폐해가 개선될 것이라고 믿는 것은 참으로 어리석은 생각이다. 새롭고 담대한 발상으로 개혁이 이루어져야 한다. 과거에도 그랬듯 다른 나라의 성공 사례를 도입하는 것이 가장 나은 방안이라고 본다. 일본이나 우리나라가 근대 시기에 선진 서구의 교육체제를 도입하여 근대화에 성공하였듯이 결국 다른 나라의 성공 사례를 벤치마킹하는 것이 지금으로서는 최선이라고 본다.

　특별한 자원도 없고, 인구도 적지만, 교육으로 성공한 나라인 핀란드의 사례는 20년 전부터 우리나라의 교육전문가들이 주목해왔고, 관련 서적도 많이 출판되었다. 토론이나 연구도 제법 활발했으나, 문화나 환경의 차이를 이유로 수용을 위한 진전은 거의 이루어지지 않았다. 수능의 킬러문항이 사교육 카르텔의 원흉으로 지적당하고 온갖 시비에 휘말리는 것은 본질과는 참으로 거리가 멀다. 지금 애꿎은 수능 문제 탓만 하고 있을 때인가?

디트뉴스24 [성광진의 교육통(通)] 2023.06.30.

교육계 보수와 진보,
이제 손을 맞잡아야 한다

당신은 진보와 보수 중에서 어느 쪽에 속하는지를 묻는다면 무엇이 가장 먼저 떠오를까? 도대체 어떤 기준에 맞춰 이 질문에 대답할지 생각할 것이다. 몇 가지 정치적·사회적으로 기준이 되는 설정이 있다. 남북문제, 성장과 분배, 복지, 세금 등이다.

남북문제에서 북한에 대한 강경과 온건의 입장 차이가 있을 수 있다. 경제적으로는 성장에 더 중점을 두느냐, 아니면 분배가 더 중요하다고 보느냐의 문제에서 갈리는 것이 아닌가 한다. 또 복지에서는 학교급식을 둘러싸고 보편적 지원과 선별적 지원으로 갈렸던 적이 있으며, 세금에서는 종합부동산세를 둘러싼 찬반의 입장, 각종 소득을 둘러싼 누진세율의 확대와 축소가 가늠의 척도가 아니었나 싶다.

"입시경쟁 교육에 따라서도 다른 두 입장" 마찬가지로 교육에서도 보수와 진보의 입장 차이가 두드러지게 드러나는 주제가 있다. 입시경쟁 교육에 대한 태도가 그것이다.

전자는 경쟁과 효율을 중시하는 입장인데, 현재의 학교 간, 학생 간 경쟁이 학력을 높이는 가장 주요한 수단으로 보는 것이다. 가장 효율적인 인재 양성 시스템은 서열이 정해진 대학에 입시평가를 통해 학생들을 적절하게 배치하는 것으로 시험 점수로 학생들을 평가하는 과정이 현재로서는 가장 공정하다고 본다. 이들 보수의 입장에서는 학생들의 지적 능력과 노력을 가장 공정하게 평가하는 수단이 대입종합수학능력시험이라고 생각하며, 대학입시에서의 비중이 더욱 높아져야 한다고 본다. 그래서 학교 간 경쟁이 질적으로 교육을 발전시킨다는 논리로 특목고와 자사고를 존속시켜야 한다. 더 나아가 대학의 서열화는 당연하며 서열화의 최정점에 있는 인재들의 우월적 지위를 인정하여야 당연하다. 탁월한 소수가 수십만 명의 다수를 먹여 살린다는 논리로 수재 또는 영재 키우기가 교육의 중심이 되어야 한다고 믿는다.

그런데 반대 입장에서는 학생들의 다양성과 개성을 인정하고 학생들을 줄 세우기 경쟁보다는 서로 협력하고 존중하는 체제를 통해 성장시켜야 한다고 믿는다. 한 명의 천재보다는 수백, 수천 명의 우리가 협력할 때 더 큰 힘을 발휘할 수 있다고 역설한다. 그래서 교육은 학생 자신의 개성을 최대한 살리면서 학생 개인의 잠재적 가능성을 계발하는데 중점을 두어야 한다는 것이다.

그러한 의미에서 진보적 교원들이 시도한 실험이 혁신학교다. 혁신학교에서는 학교 내 구성원인 교사와 학생, 학교 경영자가 민주적인 과정을 통해 학교 내 주요한 결정을 집단지성의 힘으로 추구하는 것을 바탕으로 한다. 학생의 다양한 개성을 존중하고 서로 협력을 통한 지적 성장을 이루어내도록 격려한다. 학교는 학생들에게 다양한 체험을 할 수 있도록 기회를 최대한 제공하고자 한다. 성적 경쟁보다는 학생들이 더불어 성장하는 데 초점을 두는 것이다.

교육에 대한 보수와 진보라는 두 입장은 교육계 내에서 서로 첨예하게 대립하면서 정치 환경의 변화에 따라 영향력의 확대와 축소가 이루어져 왔다. 하지만 이 두 입장은 최근 모두 암초를 만났다. 먼저 진보적인 교원들이 중심이 되어 추진한 혁신학교는 대학입시경쟁에 불리하다며 서울의 강남에서부터 학부모들의 불신을 사기 시작하면서 많이 약화한 상태다. 그런가 하면 경쟁과 효율을 중시하는 보수적 입장은 어떠한가? 지금 초등에서부터 중등에 이르기까지 교실수업의 붕괴가 나타나고 있다고 해도 과언이 아니다. 아이들은 학원 수업을 학교 수업보다 중시한 지가 오래되었으며 모바일 기기를 이용한 영상 강의에 익숙해졌다. 그리고 이제는 AI가 널리 활용되면서 지적 학습은 교사가 중심이 된 교실 수업보다 더 효율적인 새로운 수단에 더 의지할 가능성이 높다. 입시 경쟁에서는 이제 학교가 그 권위를 상실할 위기에 놓이자, 교권도 같은 상황에 놓인 것이다.

이러한 상황에서 서이초 등의 사례에서 보듯 학교에서의 교권이 무너지는 현상을 맞이했던 것이다. 결국 입시 경쟁교육을 현재와 같이 유지해서는 학교에서 교권이 무너지는 현상을 막을 수 없다. 학부모들은 아이들 개성이나 적성과 상관없이 '초등 의대반', '유아영어유치원' 등 자신들이 추구하는 길을 아이들에게 강요하면서 사교육을 중시한다. 보수가 추구하는 입시 중심의 경쟁 제일주의도 교권 위기로 이어지고, 학부모들은 사교육비 증가로 인한 경제적 압박으로 더더욱 힘든 상황을 맞이하고 있다.

'이런 상황을 어떻게 극복할 것인가'는 보수와 진보, 모두에게 공통으로 주어진 과제이다. 따라서 이제는 보수와 진보의 입장을 떠나 대한민국 교육혁명을 위한 새로운 교육시스템을 진지하게 고민할 때이다. 교육부가 있지만 그동안 믿음을 주는 개혁안을 선도적으로 만들어 제시한 적이 없다. 국가교육위원회와 교육감협의회는 또 어떤가? 이 기관들은 이번 총선에서도 어떠한 개혁안도 보여주지 않았다.

그렇다면 개혁을 이끌어나갈 세력은 누구이고 누가 가능할까? 바로 전교조, 교사노조, 한국교총 등 교원 집단이다. 이들의 입장은 진보와 중도, 보수 등으로 나뉘어져 있다고 보인다. 하지만 학생들을 사랑하고 교육을 걱정하는 점에서는 차이가 없다고 본다. 그리고 지금은 어떤 입장에 서 있건 모두가 위기이지 않은가? 이들이 모여 함께 교육개혁안을 지금부터 논의하고 준비해서 통일된 안을 사회적 의제로 제시한다면 어떨까?

   이들은 교육부와 교섭권과 협의권을 가진 교원들의 조직이기 때문이다. 이들이 입장 차이를 떠나 만든 공동 개혁안을 국민들에게 제시하고 교육부와 국가교육위원회와 교섭하고 협의한다면 새로운 교육의 시대가 열릴 수 있으리라 기대한다. 말로만 아이들을 사랑한다고 말하지 말고 행동으로 보여주기를 바랄 뿐이다.

디트뉴스24 [성광진의 교육통(通)] 2024.06.25

왜 교육은 핵심 공약에서
배제되고 있나?

 국회의원 선거 운동이 한창이다. 민주당과 국민의힘은 각각 '10대 공약'을 중앙선거관리위원회에 제출하였다. 공표된 내용을 살펴보면 저출산율에 따른 국가적 위기를 반영하는 공약을 핵심으로 내세웠다. 야당은 기본주택 100만 가구 조성과 신혼부부 무이자 1억원 대출 및 원금 감면 등을 약속한 반면, 여당은 인구부 신설과 아빠 출산휴가 한 달 의무화 등을 내걸었다. 그 밖에도 기후 위기 대책과 균형 발전, 소상공인과 중소기업 보호 육성 등과 더불어 각종 복지와 관련된 공약들이 핵심을 이룬 것으로 보인다.

 국회의 역할로 비추어볼 때, 주요 정당의 핵심 가치와 당론은 향후 우리 사회의 진로에 결정적 영향을 끼치게 마련이다. 그런데 이런 중요한 선거에 교육 관련 공약은 어디에 있는 것일까? 과거의 총선과 대선을 살펴봐도 굵직한 교육정책들이 선거의 주요 의제가 된 기억이 없다. 교육이야말로 '국가의 백년대계'라고 버릇처럼 말하던 정치가들은 선거 때만 되면 '교육'에 대해 입을 열지 않는다.

 '교육이 우리의 미래'라는 것을 인정한다면 선거에서 주요 의제로 거론되고, 각 당의 핵심 공약으로 채택되어야 한다. 특히 사교육비는 우리 사회 저출생의 근본 원인으로 꼽고 있으나, 우려와 근심만 난무할 뿐 근본적인 대책은 선거 때마다 외면당하기 일쑤다.

 현 정부는 사교육 억제 정책으로 지난해 수능에서 '킬러문항의 배제'를 발표했다. 교육과정 밖의 지나치게 어려운 킬러문항을 없애서 학원 의존도를 줄이겠다는 것이다. 이렇게 사교육비 대책을 내놓고 대형 학원에 대한 세무조사까지 해가면서 의욕을 보였다. 하지만 교육부가 공개한 '고등학교 사교육비' 총액을 보면, 2022년 6조9651억 원에서 2023년 7조5389억 원으로 8.2% 높아졌다. 사교육이 줄어들기는커녕 늘어나는 참사만 만들었다. 더욱이 2023년 사교육비 전체 총액은 27조1000억 원인데, 증가율은 전년 대비 4.5%로 소비자물가 상승률인 3.6%보다 웃돌았다. 교육부의 초중고 사교육비 조사에는 재수생과 반수생 등 소위 'N수생' 사교육비는 잡히지 않아 전문가들은 실제 사교육비가 30조원 이상일 것으로 추정한다.

'킬러문항 배제'는 현장 교사들이 예측한 대로 별다른 성과가 없었다. 이는 정부가 근본적인 문제는 다루지 않고 지엽적이고 단기적인 대책에 골몰했기 때문이다. 이 사례는 교육정책을 근본적이고 장기적인 대책으로 접근하지 않을 경우, 나쁜 결과에 직면하게 된다는 것을 보여준다. 바로 이런 이유로 각 정당들은 교육정책을 주요공약으로 내세우지 않는 것처럼 보인다. 근본적인 제도 개혁이나 개선이 필요한 교육정책일수록 그 효과나 결과가 장기간에 걸쳐 나타나기 마련이다. 따라서 확실하게 드러나고 손에 쥐어줄 수 있는 복지정책이나 사회간접자본 투자 등과 같은 공약에 밀릴 수밖에 없다는 것이다. 또한 한국의 교육문제는 워낙 복잡하게 얽혀있어서 섣불리 건드릴 경우 문제만 더욱 꼬이게 되는 결과를 가져올 수도 있다.

현재 20여년 가까이 추진해 온 '유보통합'도 집단 간의 이해 갈등에 어려움을 겪고 있기 때문이다. 현재의 사교육비를 획기적으로 줄이고 교육을 정상화하기 위해서는 대학입시정책의 변화가 불가피한데 이해관계가 분명한 집단의 강력한 반대에 부딪칠 수밖에 없다. 이는 적은 표도 당락이 좌우되는 선거에서는 함부로 내세우기 힘든 이유가 된다. 그럼 어떻게 해야 될까? 결국 교육 당사자들이 나서야 된다고 본다. 각 교원단체는 현재 공통적으로 교실 붕괴에 직면한 소속 교원들의 하소연에 직면하고 있다. 교실붕괴를 막는 가장 주요한 방안은 지나친 입시경쟁을 완화하여 공교육을 정상화하는 것이다. 이는 곧 사교육비를 줄이는 근본적인 대책이기도 하다. 따라서 각 교원단체는 여기에 대한 해법을 모색하고 있는 것으로 알고 있다. 그렇다면 교원단체들이 모여서 공통적으로 공감하는 내용만이라도 추출하여 각 당에 당론으로 요구하고 공약화하도록 해야 한다. 교육정책에는 누구보다 교원들이 책임감을 갖고 목소리를 내야 한다. 교육에 대한 전문성을 갖춘 집단인 교원들이 나서지 않으면 누가 먼저 나서겠는가? 시민이나 학부모가 신뢰하는 집단은 그래도 전문성을 갖춘 교원들이다. 교원단체가 한 목소리로 각 정당에 교육공약을 제안했으면 한다. 선거 때가 되어도 조용한 교원단체가 아쉽다.

디트뉴스24 [성광진의 교육통(通)] 2024.04.24

위기에 놓인
고교무상교육

고교 교사로 재직하던 시절, 학비를 미납한 학생을 불러 사실을 확인하고, 학부모에게 납부를 요청하는 업무가 가장 곤혹스런 일 가운데 하나였다. 또 연말에는 학비 미납 학생을 졸업 사정에서 제외하겠다는 학교 경영자와 이를 구제하려는 담임교사의 난처한 상황도 늘 반복되었다. 하지만 고등학교 무상교육이 시행되면서 이러한 거북한 모습은 더 이상 학교에서 볼 수 없게 되었다.

고교 무상교육은 기존에 학생이 납부하던 입학금, 수업료, 학교운영지원비, 교과서비를 국가재정으로 지원하는 것이다. 2019년 3학년을 시작으로 2020년 2학년, 2021년 1학년까지 대상이 확대되며 전면 시행됐다. 학부모는 고교생 1인당 연간 학비 160만 원의 부담을 덜게 된 것이다. 6년 전인 2019년 당시 우리나라 학생의 고교 진학률은 99.7%로 고교교육이 보편적인데, 의무교육 단계인 중학교까지만 교육비가 지원되고 있었다. OECD 36개 국 중 고교 무상교육을 실시하지 않는 국가는 우리나라뿐이었다. 대학도 국가장학금을 확대하고 있는데, 유독 고등학생만 학비 부담을 주고 있다는 비판에 직면한 국회와 정부가 지방교육재정교부금법 제14조 '고등학교 등의 무상교육 경비 부담에 관한 특례'를 만들었다.

그런데 이 법안의 부칙에서 특례 규정의 유효기간을 올해 12월 31일로 정했기 때문에 이를 빌미로 윤석열 정부는 내년도 정부 예산안을 한 푼도 배정하지 않았다. 고교 무상교육에 들어가는 비용은 국가(47.5%)와 지방자치단체(5%), 시도교육청(47.5%)이 분담해 왔다. 올해는 고교 무상교육 예산 1조 9872억 원 가운데 국가와 교육청이 각각 9439억 원씩, 지자체가 994억 원을 부담했다.

하지만 내년 예산안의 고교 무상교육 중앙정부 예산은 52억 6700만 원으로, 올해 9439억 원에서 99.4% 줄어들었다. 그 52억 6700만 원도 내년 고교 무상교육 재원이 아니라 과거 덜 준 정산분이다. 국가의 예산을 이렇게 배정하지 않은 것은 단순히 법안 미비라고만 볼 수 없다. 국회 교육위 보고서에 따르면, 기획재정부는 최근 학생수가 감소하는 반면, 지방교육재정교부금 규모가 증가하는 추세임을 고려해 증액교부금이 없이도 재원을 충분히 조달할 수 있다는 의견을 제시했다고 한다. 결국 시·도교육청이 재원을 확보하라는 것이다. 그러나 전국 시도교육감협의회에서 교육감들은 한목소리로 내년도 정부 예산안과 관련해 지방교육이 위기에 내몰리고 있다며 불만을 드러냈다고 한다.

지방교육재정도 유보 통합, 늘봄학교 등의 신규 수요로 어려운 처지에 다 고교무상교육 비용을 조달하기는 어렵다는 것이다. 지난 6월 한국은행의 발표에 따르면 지난해 우리나라의 1인당 국민총소득(GNI)은 3만 6194달러로 인구 5000만 명 이상 국가 중 미국, 독일, 영국, 프랑스, 이탈리아에 이어 6위라는 것이다.

심지어 3만 5793달러를 기록한 일본보다 약 400달러 정도 높았다. 피부로 느끼지 못하는 이도 많지만 이 수치로는 선진국의 반열에 오른 것이 분명하다. 그렇다면 대다수 선진국과 같이 고교교육를 의무화하는 것이 당연한 일임에도 불구하고 무상교육을 위기에 몰아넣는 행위는 무엇 때문인가? 학비 걱정 없이 학교를 다닐 수 있도록 교육기회를 제공하는 것은 국가의 책무이며 미래를 위한 당연한 투자이다. 공교육의 무상교육은 어느 나라나 국가재정의 우선순위로 책정하고 있는 현실을 직시해야 한다.

아직도 우리는 고등학생의 교육비를 두고 걱정해야 하는 참으로 답답한 상황에 놓여있다. 이러면서 아이를 낳으라는 정부와 당국자들이 한심하기만 하다.

디트뉴스24 [성광진의 교육통(通)] 2024.10.11

인성교육과 학생인권조례가
존재해야 하는 이유

　지난 2021년 6월, 대통령 직속 국가교육위원회는 무려 10만 1천여 명의 광범위한 시민들이 참여한 설문 결과를 발표하였다. 이에 따르면 교육의 가장 중요한 가치로 '개인과 사회 공동의 행복추구(20.9%)'를 1순위로 뽑았다. 그리고 강화되어야 할 교육 영역으로 '인성교육(36.3%)'이 가장 높게 나타났다. 심지어 우리 국회는 2015년에 인성교육진흥법을 제정한 바 있다. 이 법 '제2조'에 따르면 "인성교육"이란 자신의 내면을 바르고 건전하게 가꾸고, 타인·공동체·자연과 더불어 살아가는 데 필요한 '인간다운 성품과 역량'을 기르는 것이라고 정의한다. 또 '제5조'에서는 인성교육을 학교와 가정, 지역사회의 참여와 연대로 다양한 사회적 기반을 활용하여 전국적으로 실시되어야 할 교육이라고 말한다. 이 정도로 우리 사회가 매우 중요하게 여기는 '인성교육'인데, 실상은 전혀 다르다. 필자는 20년이 가까운 학창 시절과 30여년의 교직생활에서 정작 학교에서 인성교육이라고 할 만한 것이 무엇이었는지 가늠할 수가 없다. 그동안 우리는 인성교육의 중요성만 강조했지, 정작 어떤 내용으로 어떤 과정을 통해 이룰지 교육적 합의가 없었다.
　학교에서는 입시경쟁에 치여 인성교육에 관한 구체적인 프로그램이 없었다고 보는 것이 옳다. 사실 다원화하고 급속하게 변화하는 현대사회에서 아이들의 인성을 이끌어가겠다는 것은 쉽지 않다. 특히 인터넷을 통한 온갖 매체와 네트워크를 통해 다양한 정보와 지식이 전달되는 것을 감안하면 아이들을 일정한 수준으로 도덕적 의식을 끌어올린다는 것 자체가 만만한 것은 아니다.

그렇다면 학교에서 인간다운 인간으로 성장하는 데 도움이 될 수 있는 것으로 무엇을 가르쳐야 할 것인가? 학교가 아이들이 처음으로 사회생활을 경험하고 배우는 과정이라는 점에 주목해보자. 과연 어떤 덕목을 가르치는 것이 좋을까? 과거 우리는 '체면'을 무엇보다 중시했다. '체면 의식'은 권위적인 봉건국가를 지탱하는 하나의 축이었다. 가문과 가족의 체면을 위해서라도 충과 효를 내세우며 사적인 이기심을 내려놓았던 것이다. 그러나 자본주의 체제에서 경쟁이 치열한 사회로 변모하면서 실속이 중요하고 돈과 출세를 위해서 '체면'을 내버린 지 오래다. 지금 우리 사회의 최고의 가치를 무엇보다 '민주주의'로 본다면 '존중과 배려'라는 덕목은 필수적이다. 타인의 권리가 내 권리와 마찬가지로 소중하다는 것이 민주주의 사회의 근간이다. '존중과 배려'의 덕목을 가르치기 위해서는 '인권교육'이 우선되어야 한다. 이 교육을 통해 우리 주변의 여러 잘못된 차별의식을 깨닫고 이를 타파하도록 해야 한다. 타인에 대한 잘못된 의식이 결국 비행이나 폭력을 낳는 것이다. 학교폭력도 자신보다 약하거나 다른 점이 있다고 느낄 때, 그것을 매개로 이루어지는 경향이 강하다. 능력, 성별, 외모, 장애 등 여러 차이를 이유로 혐오하고 배제하는 차별을 없애려면 타인의 권리를 존중하고 차이를 배려하는 인권의식을 길러야 한다.

그런 의미에서 학교의 교육과정에 '민주시민 교육과정'이 있어야 한다. 특히 학교의 창의적 체험활동, 각종 행사, 방과후활동 등에서 체험이나 실천 위주의 '인성교육'을 수행하도록 하는 것이 필요하다.

또 우리의 아이들이 기성세대에게 존중받고 있다고 스스로 느낄 수 있도록 '학생인권조례'가 있어야 한다는 것은 말할 것도 없다. 아이들이 서로 존중하고 배려하는 의식을 가지면 교실에서 학습권을 침해하는 상황도 사라질 것이다. 학교폭력이나 각종 청소년 비행도 예방하는 효과도 있을 것이다. 해변에서 모난 돌들은 서로서로 부딪치고 깎이면서 동글동글 몽돌이 된다. 학교라는 사회 속에서 학생들은 개인이 가진 이기심을 주저하며 원만한 인간관계를 맺는 방법을 스스로 깨달을 수 있어야 한다. 이것이 바로 학교의 가장 핵심적인 역할이다.

"요즘 학교에서 뭘 배우는지 모르겠어. 아이들이 망가지고 있어도 아무 대책이 없어." "교사들은 도대체 무얼 하나? 아이들이 너무 예의가 없고 이기적이야." "학교가 오히려 아이들을 망치고 있다고 봐. 학교에서 폭력성을 배우는 것 같아."

청소년들의 비행이 언론을 장식할 때마다, 또는 주변에서 맞닥뜨리는 아이들의 일탈 행위에 어른들은 학교를 향해 혀를 찬다.

이렇게 걱정하는 기성세대에게 묻고 싶다. 그렇게 말하는 당신들은 지금 우리 아이들의 인격적 성장을 위해 무엇을 하고 있는가? 충청남도의회는 12월 15일, 본회의를 열어 박정식 국민의힘 의원이 대표로 발의한 '학생인권조례 폐지안'을 재석의원 44명에 찬성 31명, 반대 13명으로 가결했다.

디트뉴스24 [성광진의 교육통(通)] 2024.02.20

학생의 정치적 자유를 보장해야 한다
_법적으로 보장 받는 권리 여전히 제한 아쉬워
_과거, 학생의 신념과 정의로운 행동이 민주주의 대한민국 기반

"시간이 없는 관계로 어머님, 뵙지 못하고 떠납니다. 끝까지 부정선거 데모로 싸우겠습니다. 지금 저와 저의 모든 친구들 그리고 대한민국 모든 학생은 우리나라 민주주의를 위하여 피를 흘립니다. 어머니 데모에 나간 저를 책하지 마십시오. 우리가 아니면 누가 데모를 하겠습니까? 저는 아직 철없는 줄 압니다. 그러나 조국과 민족을 위하는 길이 어떻다는 것을 알고 있습니다. 저의 모든 학우들은 죽음을 각오하고 나선 것입니다. 저는 생명을 바쳐 싸우려고 합니다."
-이하 생략

위 글은 1960년 4·19혁명에서 시위에 참가한 한성여자중학교 2학년 진영숙의 편지다. 진영숙은 시위 중 경찰의 총에 맞아 사망했다. 서울 은평구 한 고등학교의 학생 168명은 지난 14일 '우리의 목소리가 미래에 닿기까지'라는 제목의 시국선언문을 총학생회 사회관계망서비스(SNS) 등에 올렸다. 계엄 포고령이 자신들이 배운 민주주의와 맞지 않으며 민주주의의 불씨가 꺼지지 않도록 연대의 촛불로 지켜내겠다는 내용이었다. 이에 학교는 '정치관여금지' 교칙을 근거로 12·3 비상계엄 사태를 규탄하는 학생의 시국선언문을 내리도록 요구하여 학생들은 SNS에서 그 선언문을 내렸다는 것이다.

과연 학교측의 조치는 정당한 것이었을까? 정당법 제22조에 따르면 16세 이상 국민은 누구나 정당에 가입할 수 있고, 학생의 정치

활동은 법적으로 보장받는 권리이다. 또 선거 연령은 18세 이상으로 낮아져 고등학생들 가운데 상당수가 선거권을 가진다. 따라서 학교장이 요구했다는 학생시국선언문 철회는 명백한 정치활동에 대한 탄압이자 표현의 자유를 침해한 것이다.

교육부는 지난 2022년 정치관계법 개정에 따라 학칙과 생활규정을 점검하고 개정하도록 했다. 당시 서울시교육청도 모든 고등학교에 학생의 정당 가입 및 활동을 금지하거나, 선거운동 등을 제한하지 못하도록 학칙을 개정하라고 지침을 내렸다는 것이다. 그런데 아직도 법령과 어긋나는 학칙을 빌미로 학생의 정당한 정치적 자유를 제한하려고 했다. 또 선관위가 제시한 안내에 따르면 16세 이상인 학생은 정당 당원, 당직 취임, 당비 납부, 후원회에 후원금 기부, 법령에 위반되지 않는 방법으로 후원금 기부의 고지·안내와 함께 통상적인 정당활동(정당의 계획과 경비 하에 자당 정책 홍보, 당원 모집)이 가능하다는 것이다. 정당활동과 같은 정치행위도 가능한데, 학칙으로 학생의 학교 내 정치적 의사표현을 제한하는 것은 법령과 배치된다.

지금 학교는 학생이 공개적으로 선거나 정치와 관련해 활발히 의견을 나누거나 토의를 진행하기 조심스럽다는 말들이 나온다. 정치적 중립 의무를 지켜야 하는 교사는 학생처럼 정치적 행위를 하기가 어렵다. 따라서 학생이 학교에서 선거에 대한 정보를 얻거나 정치에 관한 공개적인 토론의 기회가 거의 없다. 가장 문제인 것은 학생들의 정치적인 행위에 대해 곱지 않은 시선을 보내는 교육 관료들이다. 교육기본법 제2조(교육이념)는 다음과 같다. "교육은 홍익인간의 이념 아래 모든 국민으로 하여금 인격을 도야하고 자주적 생활능력과 민주시민으로서 필요한 자질을 갖추게 함으로써 인간다운 삶을 영위하게 하고 민주국가의 발전과 인류공영의 이상을 실현하는 데에 이바지하게 함을 목적으로 한다."이 내용대로라면 우리 교육은 학생이 민주시민으로 자질을 갖추어 민주국가 발전에 이바지하도록 해야 한다.

따라서 민주시민으로 성장을 돕기 위해 정치행위를 권장하고 이를 올바르게 학습하고 지도하는 것은 학교의 몫이다. "나만 잘 되면 되지, 다른 것은 쳐다보지 말고 공부만 해"라며 세상과 담을 쌓고 오로지 성적만 높이라고 하는 것이 바람직한가? 그렇게 장군이 되고, 검사가 되고, 판사가 되고, 장관이나 국회의원이 되어서 오늘날 내란폭동에 참여하고 동조하며 민주국가를 위협하고 있는 것은 아닐까?

소신과 용기로 시국선언에 나선 학생을 학칙으로 위협하고 선언문을 내리도록 한 학교의 조치는 참으로 안타깝다. 4·19혁명의 주역은 중고등학생이었고, 5·18광주민주화운동의 시민군에도 학생이 있었다. 한강 작가의 소설 「소년이 온다」의 실제 주인공으로 알려진 문재학 군은 '5·18 막내시민군'으로 초등학교 동창이 죽었다는 소식을 들은 뒤 시위에 참여했다. 당시 고등학교 1학년인 문군은 1980년 5월27일 친구 안종필 군과 함께 계엄군의 총탄을 맞아 희생되었다.

학생의 정치적 신념과 정의로운 행동으로 민주주의 대한민국이 있었고, 앞으로도 그러할 것이다.

디트뉴스24 [성광진의 교육통(通)] 2024.12.25

촛불광장에서
_ 1020세대의 새로운 소통과 연대

　최인훈 작가의 1960년 소설 「광장」에서 광장은 인간이 자유롭게 의견을 나누고 소통할 수 있는 '해방공간'의 의미로 해석한다. 이러한 광장의 부재로 주인공 '명준'은 자신의 조국에 절망한다.

　하지만 2024년 12월 대한민국의 광장은 뜨거운 열기로 활짝 열려 있었다. 12월 3일 대통령의 비상계엄 선포는 한순간에 시민들을 놀라움과 두려움에 몰아넣었다. 단지 반대자를 제압할 목적으로 대통령 윤석열은 국민을 상대로 전쟁을 선포한 것이다. 하지만 시민들은 광장으로 모여 들었다. 그들은 SNS로 소통하며 대한민국의 모든 곳에 광장을 만들어 '윤석열 탄핵'을 외쳤다. 그리고 열하루 만에 국회는 탄핵을 의결했다. 광장에서 만난 시민들은 과거와는 다른 양상을 보였다. 차갑고 딱딱한 아스팔트에 앉아 구호를 외치는 주인공들은 10대와 20대로 보이는 젊은이들이었다.

　광장의 분위기는 발랄 그 자체였다. 과거에는 엄숙하고 강고한 의지가 광장을 지배했다. 구호를 외쳐도 주먹을 위로 내뻗으며 일사불란했고, 운동가요를 불러도 절제가 있었다. 그러나 이제 광장은 그런 엄숙함보다 젊은이들의 발랄한 몸짓과 노래가 대세였다. 촛불을 대신하여 그들만의 야광봉을 흔들었다. 그들은 질서 정연했고 흥분하지 않았다. 무언가 묘했다. 분노하지만 흥분하지 않고 자신들만의 축제르 만들어가는 젊은이들에게서 '새로운 시대는 우리가 만들어 갈 거야'라는 외침이 들리는 듯 했다. 광장을 채운 이 물결을 주목해야 할 이유이기도 하다.

　윤석열의 불법적이고 야만적인 계엄 선포는 1020 젊은이들의 이성을 일깨우고 뒤흔들었다. 12월 14일 오후 3시부터 둔산동 은하수 네거리의 4차선 도로와 인도는 시민들로 꽉 채워지고 있었다. 끝없이 밀려오는 인파로 채워진 집회는 대전지역 역사상 가장 젊었고, 가장 많았던 것으로 보였다. 뜨거웠던 87년 6월 항쟁과 박근혜 탄핵 때보다 더 많은 시민들이 광장을 만들고 있었다. 이 추운 겨울 날씨에 방안에서 TV로 지켜보면 될 것을 굳이 거기로 가냐는 의문도 있을 수 있다. 그러나 시민들은 광장에서 더불어 역사적 장면은 지켜보고 싶었던 것이리라. 그곳에서는 민주주의를 지키겠다는 시민으로서의 사명을 서로서로 엄숙하게 느낄 수 있었다.

거기에 발랄한 우리의 미래세대가 자리 잡고 있었다. 10대와 20대 젊은이들은 자못 기대에 차 있었다. 부모와 같이 온 초등이나 중학교 또래도 있었다. 두 아이와 함께한 부부는 아스팔트 위에 집에서 가져온 두툼한 깔개를 얌전히 깔고 무릎덮개로 온 가족이 추위를 이겨내고 있었다. 탄핵 소추 결과를 지켜보는 아이들은 의젓했다.

경쟁 만능의 교실에서 친구마저 경쟁자로 생각하며 '각자도생'의 시대를 살아가는 아이들이 아니었다. 20대가 디지털에 중독된 나머지 자유주의적이다 못해 이기적일 것이라는 선입견도 치워야 될 것이다. 그들은 새로운 방식의 소통과 연대로 다른 세대를 자신들의 세계로 끌어들이는 힘을 갖고 있다. 도저히 이해할 수 없는 내란폭동으로 나라의 품위는 땅바닥으로 곤두박질쳤다.

하지만 이 사건으로 우리 젊은이들은 그들의 생동하는 힘을 보여주었다. 광장에서 만난 우리의 미래는 살아 있었다. 젊은 세대들이 희망의 메시지로 활용한 노래는 '소녀시대'의 '다시 만난 세계'였다. 이 노래는 단숨에 광장에서 세대를 뛰어넘는 소통과 연대의 수단이 되었다. 민주주의는 거저 얻는 것이 아니라, 우리의 힘으로 지키고 키워나가야 한다는 것을 새삼 깨달았다. 그 광장에 울려퍼졌던 눈물

나도록 가슴에 와 닿았던 구절을 되새긴다.

   수많은 알 수 없는 길 속에/ 희미한 빛을 난 쫓아가/ 언제까지라도 함께 하는 거야/ 다시 만난 나의 세계

디트뉴스24 [성광진의 교육통(通)] 2024.12 16

국헌 문란의 단죄, 민주주의의 산교육으로

　버스 안은 침울했다. 입을 꾹 닫고 분노를 참고 있다는 것을 그들의 눈이 말하고 있었다. 대전촛불행동 1호차에 탑승한 우리는 12월 7일 오후 1시 30분경에 여의도에 도착해 저녁 8시 30분경까지 무려 7시간에 걸쳐 "내란을 획책한 대통령을 탄핵하라"고 목이 쉬도록 외쳤다. 한강에서 불어오는 겨울 칼바람도 탄핵의 목소리를 잠재울 수 없었다. 그러나 여당의 표결 불참으로 탄핵이 무산되면서 허망함은 곧 분노로 바뀌고 너나없이 국회의사당을 향해 '표결 참가'를 외쳤지만 소용이 없었다. 필자는 1980년이 떠오르지 않을 수 없었다. 수도권의 사단에 병사로 복무하던 시절, 5월의 그날 새벽에 서울로 출동하여 모 대학을 점거하고 계엄군이 되었다.

　대학에 시위진압을 하러 온 줄 알았던 병사들은 대부분 상기되어 있었다. 그들은 전두환 일당의 12.12 군사반란 이래로 다음해 5월까지 매일 강도 높은 시위 진압 훈련을 해야 했다. 병사들은 대학생이 한가하게 미팅이나 즐기며 데모질(?)이나 한다고 생각하는 경향이 강했다. 70년대는 유신독재 시절이었다. '유신만이 살길이다'라는 구호로 장기집권 중인 '박정희'에 대한 충성이 곧 애국이던 시대였다.

　중·고등학교는 학도호국단 체제로 매주 열병식과 제식훈련이 이루어지고 총검술과 같은 군사 훈련을 해야 했다. 학교는 매우 억압적이고 폭력적으로 학생들을 통제했다. 젊은 병사들이 민주주의에 대한 이해를 갖출 수 있는 교육 환경이 아니었다. 때문에 17년을 집권한 독재자의 충격적인 죽음으로 인한 불안한 시국에 '서울의 봄'이 불온해 보이는 것이 다수 병사의 시각이었다. 병사들은 계엄군으로 출동하는 것이 나라를 지킨다고 생각했지만, 결국 전두환 일당의 권력 장악의 도구가 되고 말았다. 당시 계엄에 동원되었던 역사적 죄인의 한 사람으로 지난 12월 3일 밤, 비상계엄 선포와 함께 무장한 군인이 국회로 쳐들어가는 모습을 보는 것은 서글프기 짝이 없었다. 저 젊은이들은 이 환난이 지나고 나면 어떤 마음이 들 것인가?

    1980년 이래 민주화의 고된 역정과 희생을 치르고 지금에 이르렀는데, 도대체 민주주의가 뿌리째 뽑히는 사건을 마주하다니 도저히 이해가 가지 않았다. 우리의 민주주의가 얼마나 허약한지를 이번 사태가 보여주었다. 지금도 일부 세력은 내란 폭동을 지지하고 동조하고 있지 않은가? 그러나 이번 탄핵 촛불버스를 타고 오면서 희망을 보았다. 20대로 보이는 젊은이들이 절반도 넘었다. 그들은 우리가 시대를 책임진다는 각오로 여의도를 향해 간 것이다. 필자는 더 이상 독재정권의 주구가 되지 않겠다며, 온갖 탄압 속에서 1989년 전교조를 결성하는 데 힘을 보태었다. 그리고 사립학교 비리 척결, 학교 내 부정비리 타파, 무상급식 등을 위해 노력했지만 가장 중요한 '학교의 민주적 운영'은 아직도 부족하기만 하다. 학교가 민주주의 장이 되어 모범을 이루는 데까지는 이르지 못한 것이 현실이다.

    2015년 박근혜 정권이 추진하던 친일과 독재를 정당화한 역사교과서의 국정화의 반대 투쟁에 나섰을 때였다. 교사들의 교문 앞 피켓팅을 지지하던 다수의 학생들을 보면서 어느 누구도 역사를 거꾸로 돌리기는 어려울 것이라 생각했다. 그리고 여의도에서 젊은이들과 '탄핵'을 외치며 그 학생들이 떠올랐다. 이제 대한민국은 미래의 주인공에게 반대자를 탄압하기 위해 비상계엄으로 헌정을 파괴한 사건을 어떻게 처리하는지 생생한 교육을 하고 있다.

    국민이 부여한 권력을 남용하여 국가 변란을 획책한 사건이 정의롭게 처벌되고 혼란을 수습하는 과정이야말로 민주주의의 살아있는 학습장이다. 이제 어른은 우리의 젊은이와 아들딸에게 부끄럽지 않도록 행동에 나서야 한다. 국헌 문란의 단죄가 신속하고 정의롭게 이루어지기 위해 하루속히 탄핵이 이루어져야 한다. 지금 우리의 아들딸이 지켜보고 있다는 사실을 잊지 말아야 할 것이다. 나아가 다시 이러한 혼돈이 되풀이 되지 않으려면 학교가 민주주의의 장이 되어야 한다. 유아 시절부터 상대를 존중하고 배려하는 정신을 길러내야 한다. 또 민주적인 절차가 혼란과 갈등을 해소할 수 있는 최고의 수단이라는 것을 학교에서 체험할 수 있도록 해야 한다. 민주주의가 성장하기 위해서는 교육이 앞장서야 한다.

디트뉴스24 [성광진의 교육통(通)] 2024.12.16

사법부의 정의는
어디에 있는 것일까?

그것은 명백한 한쪽 편들기였다. 제21대 대통령 선거를 33일 앞두고 나온 대법원의 선고는 사법부 전체에 대한 불신을 가져올 수 있는 위험한 자살골이 아닐 수 없다. 시민은 이번 12.3내란으로 자신들이 살아가는 세상에 대해 새롭게 눈을 떴다. 그 가운데에서 새롭게 깨달은 것은 사법 권력 엘리트 집단의 도덕성에 관한 것이었다.

그들은 고무줄 잣대로 자기들 입맛대로 세상을 요리하려 들었다. 그들이 말하는 정의는 자신과 같은 가진 자의 욕망을 채워주려는 도구에 불과했다. 특정 정치인을 향한 검찰과 법원의 줄기찬 혐오와 공격은 그 반대편에 서 있는 집권세력에게도 같은 잣대가 적용되었는가? 지금의 사법부는 '정의가 과연 어디에 있는가?'라는 의심에 제대로 해명하기 어렵다고 본다. 정의가 구현되어야 할 법정이 매우 오염되어 있다고 믿어지기 때문이다.

윤석열 전 대통령이 첫 번째로 지명한 오석준 대법관은 판사 시절, 승객이 낸 요금 중 800원을 챙겼다고 버스기사를 해고한 회사의 징계가 정당하다고 판결했다. 이 판결은 그가 85만 원 어치 접대를 받은 검사의 면직처분을 취소한 판결과 대조를 이룬다.

2013년 2월, 자신의 수사 사건을 맡은 변호사로부터 접대를 받았다가 면직된 검사가 낸 징계 취소 소송에서는 정반대의 잣대로 판결했다. 그 검사가 수사한 사건 중 총 9건을 맡게 된 변호사는 7차례 술자리에서 총 855만 원의 술값을 냈다고 한다. 그런데 그 금액을 참석 인원에 따라 나누어 85만 원의 향응 가액이 책정했다고 한다. 오 대법관은 검사가 자신이 수사하는 사건의 변호사에게 향응을 받은 사실을 인정하면서도 처분이 지나치게 무겁다며 징계를 취소했다. 그는 2011년에도 피점검기관으로부터 성 접대를 받는 등 물의를 빚어 파면된 국가정보원 직원이 낸 소송에서도 징계 사유는 있지만 파면은 가혹한 징계라고 판결했다. 800원에 생존권을 잃은 버스기사에게 들이댄 잣대와는 너무나 다르다.

왜 버스기사에게는 생존권을 빼앗는 가혹한 잣대를 적용한 것일까? 그런 사람이 대법관이 되어 이번 대선 개입 판결에 참여했다. 비슷한 판결의 다른 법관도 있다. 그것은 바로 한덕수 대통령 전 권한대행이 헌법재판관 후보자로 지명했던 함상훈 서울고법 부장판사다.

함 판사는 2017년 1월, 버스 요금 2400원을 횡령했다는 이유로 해고된 버스 기사에 대해 회사의 처분이 정당하다고 판결했다. 그랬던 그가 2019년 10월에는 대학교수가 가르치던 여학생에 대한 성폭력으로 파면된 사건을 맡아 파면을 취소했다. 이유는 그 교수가 미혼으로 여학생에게 자신의 우월적 지위를 악의적으로 이용했다는 것을 인정할 증거가 없다는 것이다. 함 판사는 교수와 학생의 관계에서 교수가 우월적 지위를 악의적으로 이용하지 않았을 것이라는 추정으로 파면을 취소하였다. 이 판결은 약자인 여학생의 고통을 무시하고, 우월적 지위를 가진 교수에게 명백하게 유리한 판결이었다.

조희대 대법원장은 2018년 4월, 제18대 대선 당시 국가정보원 직원을 동원해 이른바 '댓글작업'을 하여 여론조작 사건으로 기소된 원세훈 전 국가정보원장에 대해 조직적 개입이 있었다는 명확한 증거가 없으므로 무죄라고 하는 등 지나치게 편파적이었다.

또 2017년 그가 대법관으로 주심을 맡은 사건은 그 정도가 더 지나쳤다. 연예기획사 대표였던 42세 남성의 14살 여중생과 수차례 성

관계를 가져 임신시킨 사건을 '사랑하는 사이'였다는 이유로 무죄 취지로 판결하였다. 어린 10대 소녀를 임신시킨 것만으로도 지탄받아야 함에도 아무런 문제가 없다고 한다면 이 사회의 정의는 어디서 찾아야 되는 것일까? 이 사건 또한 힘 있는 업체 대표에게만 유리한 잣대를 들이댄 것은 아니었을까? 시민들은 합리적인 판결로 정의가 바르 설 수 있어야 하는 곳이 법정이라고 믿는다. 우리 사회의 수많은 갈등과 사건이 결국 법정에서 판가름 나기 때문이다.

법정도 하나의 인간이 만든 사회기구라서 결코 완벽할 수는 없다는 것은 인정한다. 그러나 보통 사람이 인정할 수 있는 상식적인 잣대는 있다. 그것은 정의라는 거창한 말이 아니더라도 가진 것 없고 힘없는 자만 억울하게 느껴지는 판결만은 없었으면 하는 바람이다.

그런 바람을 외면해 온 검사와 법관이 더 높은 자리를 차지하고 대선마저 좌지우지하려 하고 있다. 그러나 지금 사법부의 대선 농단은 상식 있는 국민의 엄청난 반감으로 도리어 역풍을 맞았다. 안타까운 것은 사법부 전체가 불신의 늪에 빠져들 수 있다는 것이다. 이제는 검찰을 포함한 사법부 전체에 대한 개혁이 이루어져야 할 때가 되었다. 시대정신에 맞는 상식적이고 의로운 판결을 한 법관들이 우대받는 법원이 돼야 한다. 더 이상 법정에서 정의가 사라지는 꼴을 보지 않았으면 한다.

디트뉴스24 [성광진의 교육통(通)] 2025.05.06

대통령에게는 그토록 가벼운 이주호 교육부장관
_ 교육 정책 냉정한 평가 필요

　이주호 현 교육부장관은 이명박 정권 시절 2010년 8월부터 2013년 3월까지 교육과학기술부장관을 지냈다. 그리고 다시 교육부로 돌아와 2022년 8월부터 지금까지 그 자리를 유지하고 있다. 그리고 두 번의 역임 기간은 5년을 넘어선다. 해방 후 교육부의 수장을 최초로 두 번 역임하였고 역대 장관 가운데 가장 오랫동안 그 책무를 담당하고 있다. 그는 원래 무역학과를 졸업한 경제학자이지만, 국책기관인 한국개발연구원에서 교육정책 수립에 관여하고 교육부 수장이 되어 이명박 정부의 교육정책을 주도했다.
　그가 주도한 2010년 당시의 교육정책은 현재까지 이어지며 큰 영향을 미치고 있다. 지금 그가 추진한 주요 정책에 대한 냉정한 평가와 극복이 필요한 시점이다.

　재작년 대학수학능력시험을 5개월 앞두고 윤석열 대통령이 수능 난도를 낮추라는 취지의 지시를 내렸다. 그러자 이주호 장관은 한 방송에서 "수능 입시에 대해서는 대통령이 장관보다 전문가다. 제가 배워야 할 게 많다"고 말했다. 그리고 이른바 '킬러문항'이 사교육의 주범인 양 교육부는 대통령의 지시를 충실히 따르고 있다고 했다. 심지어 킬러문항 출제를 이유로 한국교육과정평가원에 대한 감사를 벌이고, 사교육 카르텔을 무너뜨리겠다며 대형 학원에 대한 잡도리까지 했지만, 달라진 것은 없었다. 복잡하고 난도가 높은 수능 문제는 여전히 출제되었고, 교육부는 '교육과정 내 출제'라고 변명하였다.

과도한 대입경쟁과 사교육 과열을 멈추기 위해 종합적 대입제도 개선책을 발표하는 것이 근본적인 대책이라는 것을 누구보다 잘 알고 있는 이주호 장관이다. 알다가도 모를 것은 이 장관은 2022년까지만 해도 수능 폐지론자를 자처했다는 것이다. 수능 같은 고통스러운 제도가 사라져야 한다고 주장했던 그는 윤석열 대통령의 즉흥적 지시를 열심히 따르는 것이 우리 교육에 도움이 되리라고 믿었을까?

경쟁과 효율을 중시하는 신자유주의 경제학자로서 그가 야심차게 밀어붙인 정책은 자사고 설립을 뼈대로 하는 '고교다양화 300프로젝트'이다. 이 장관이 설계했다고 알려진 고교다양화 정책은 기숙형 공립고 150개, 자율형 사립고 100개, 마이스터고 50개 건설하겠다는 것이었다. 이 정책은 이명박 정부의 사교육비 절감 대책의 중심 축이기도 했다. 하지만 영재고를 필두로 과학고, 국제고, 외고와 전국단위 자사고, 광역단위 자사고, 일반고, 특성화고로 이어지는 '고교서열'은 세분화되고 고착됐다. 그 결과 일반고의 황폐화와 고교입학경쟁의 심화로 사교육비의 절감과는 정반대의 길로 갔다. 이주호 장관 본인도 2022년 자신의 인사청문회에서 부작용을 인정하였다.

현직 교사의 가장 부정적인 평가를 받는 정책은 무엇보다 '교원평가'다. 이 정책은 원래 노무현 정부가 추진하다 보류되었던 것을 이 장관이 도입한 것으로, 동료교사와 학생, 학부모 참여로 교사의 수업, 생활지도 등을 평가하는 제도다. 하지만 14년 동안 시행해 온 결과, 교사들이 가장 먼저 없어져야 할 폐습으로 규정하고 있다. 학교 내 교사 업무나 활동에 대한 학부모와 학생의 평가가 객관성과 공정성을 갖기가 어렵다고 보기 때문이다. 또 주관식 평가는 익명성을 악용한 교사 모욕주기로 전락하기도 했다. 결국 이런 부작용을 인정한 이 장관도 지난해 10월에 '교원평가'를 폐지한다며 부분적 개선을 약속했지만, 포장지만 바뀐 것이라는 불만이 많다.

이 정책의 도입으로 공교육의 질을 높일 것이라고 했지만 교권 추락의 큰 요인이었다는 것이 교사들의 엄정한 평가이다. 신자유주의적 사고를 가진 경제학자답게 교육을 단순히 공공서비스 정도로 인식하는 수준의 정책 추진이었다.

여러 부정적 여론에도 불구하고 9년 만에 교육부로 복귀한 그는 디지털 대전환 시대의 교육을 표방하면서 AI 디지털 교과서를 핵심 과제로 내놓았고, 2023년 6월 'AI 디지털 교과서 추진방안'이 등장했다.

세계 최초로 'AI 디지털 교과서'라는 새로운 교과서가 탄생하였지만, 매우 졸속이라는 비판에 직면했다. 2022년 11월 말에 처음 등장한 생성형 AI 활용에 대한 사회적 기대가 높은 것은 사실이지만, AI의 교육적 가치는 실증적으로 확인된 적이 없다. 도리어 스웨덴, 핀란드, 스위스 등에서는 초등학교에서 디지털 교육을 퇴출하는 길을 가고 있다.

교육부는 "지식 교육은 인공지능에게 맡기고 교사는 인성교육을 담당한다"며 '모두를 위한 맞춤교육'을 주장한다. 하지만 교육에서의 기본 전제는 인간적인 친밀감과 신뢰를 바탕으로 한 관계가 성립되어야 한다는 것이다. 지식과 기술의 전수도 인간과 인간의 친밀한 관계에서 더욱 효과적이며, 디지털에 맡겨버리는 것은 학교에서 추구해야 할 것이 아니다. 이는 교사의 역할을 축소 왜곡하여 교권을 추락시키는 언사를 교육부가 스스로 하는 꼴이다.

결국 국회는 지난해 12월 26일 초·중등교육법 개정을 통해 AI 디지털 교과서는 그 성격을 교육 자료로 규정하였다. 교과서로서의 지위를 갖지 못하자, 이 장관은 국회에 재의를 요구하겠다고 했지만, 현장 교사들은 교육 자료로 규정된 것이 당연하다는 분위기이다.

대통령의 지시에 순응하여 똑같이 졸속으로 밀어붙인 의대 증원도 '초등의대반'의 전국적 확대 등과 같이 사교육 시장에 수익만 올려주고 의료대란만 지속되고 있지 않은가?

내란 수괴 윤석열 대통령에게 그토록 가벼운 이주호 장관이었지만, 교사와 학부모, 학생의 어깨를 짓누르는 정책을 밀어붙여 교육 현장의 혼란과 부작용을 가져왔다. 그가 빨리 교육부를 떠나는 것이 이 나라 교육을 위해 바람직할 것이다.

디트뉴스24 [성광진의 교육통(通)] 2025.01.10

과연 영유아 교육의 획기적 전기가 마련될 것인가?

"내년부터 유치원과 어린이집이 통합이 된다고 하는데, 무엇이 어떻게 바뀌는 건지 알 수가 없네요. 서둘러 구체적인 내용을 학부모들이나 통합 당사자들에게 알려줘야 하지 않겠어요?"

어린이집은 만0~5세가, 유치원은 만3~5세가 이용한다. 유아가 3세가 되면 유치원이나 어린이집을 자유롭게 선택해서 다닐 수 있다.비슷해 보이지만 어린이집과 유치원은 다른 시설이다. 어린이집은 영유아보육법에 따라 '사회복지시설'로 규정돼 있는 반면, 유치원은 유아교육법에 따라 설립 운영되는'학교'다.

이 두 기관을 통합하여 관리를 일원화하고 영유아 교육의 질을 높이겠다는 것이 '유보통합'이다. 지난 1997년 김영삼 정부 때부터 세워지는 정권마다 추진을 약속했지만, 번번이 무산됐던 교육계의 해묵은 숙제이기도 하다.

운영의 형태에 따라 유치원은 국립, 공립, 사립으로, 어린이집은 가정형, 민간, 국공립으로 나뉜다.2012년 3월부터 시행된 누리과정에 따라 3~5세 유아는 어린이집이나 유치원이나 동일한 교육을 받는다. 어린이집과 유치원 모두 '유아교육지원특별회계'를 통해 예산을 지원받아 누리과정을 시행한다.

그런데 두 기관의 교육과정은 동일하지만, 교사 자격이나 시설, 보육 시간 등에 차이가 있다. 유치원은 매년 말쯤 학부모가 원하는 곳을 선택한 뒤 추첨하여 입소하는 구조고, 어린이집은 대기를 걸어두면

점수에 따라 차례대로 입소하는 구조다. 입소 원아의 선택 방식이 다른 것이다. 이렇게 다른 데다 2022년 기준 전국 유치원과 어린이집이 무려 4만 곳인 점을 고려하면 통합이 만만하지 않은 것이다.

무엇보다 통합의 가장 큰 걸림돌은 교사의 자격과 양성체계, 처우 등의 문제이다. 유아교육법에 따라 일반유치원은 유아교육학과를 졸업하고, 유치원 교사 자격증을 소지해야 교사가 될 수 있다. 국공립유치원은 임용 고시까지 합격해야 한다. 반면 어린이집 보육교사는 학점은행, 기타 교육원을 통해 자격증을 획득할 수 있다.

현재 유치원 교사들은 보육교사와 교사 자격이 통합되는 것에 큰 거부감을 가지고 있다. 유치원교사와 어린이집교사 간의 급여 격차는 물론이고, 같은 유치원교사여도 국공립인지, 사립인지에 따라 급여체계가 다르다. 양성체계를 어떤 방식으로 일원화할 것인지와 현재의 급여체계를 어떻게 단일화할 것인지에 대한 합의가 이루어지지 않고서는 유보통합은 또다시 물거품이 될 수 있다.

정부는 유보통합 도입 시기를 '2025년'으로 밝힌 바 있다. 내년부터 어린이집과 유치원을 통합한 '제3의 기관'을 만들겠다는 계획이다. 지난해 12월에는 유보통합의 근거가 담긴 '정부조직법 개정안'이 국회를 통과해 올 하반기에는 복지부의 보육 관련 권한이 교육부와 교육청으로 일원화된다.

하지만 두 기관은 다른 점이 많아 통합에 걸림돌도 많지만, 현장의 의견 차이가 무척 크다. 따라서 통합 추진의 구체적인 시안이 아직도 그려지지 않고 있으며, 추진력을 잃었다는 분석이 일고 있다.

최근에는 일부 교육감들이 통합을 2년간 유예하자는 주장까지 나오고 있다. 30년 해묵은 숙제가 또다시 뒤로 미뤄질 가능성이 커지고 있는 것이다.

이와 관련하여 일부 교원단체마저 유보통합을 중단하고 '국공립 유아학교 확대'와 유아교육 지원책 수립에 나서야 한다고 주장하고 있다. 이 논리에도 일리는 있지만, 이는 현재 다수 유치원 교사들의 주장과 궤를 같이한다고 보인다.

'유보통합'은 교육기관임에도 학교와 동일한 교육적 지위와 혜택을 받지 못하고 있는 어린이집을 공교육에 포함시키고, 국·공립유치원과 사립유치원 간 격차를 해소할 수 있는 방안이다.

결국 우리의 모든 영유아에게 교육 기회의 평등을 구현하려는 혁신이기도 하다. 더욱이 지금 세계 최고 수준의 저출산 시대를 맞이하여 영유아에 대한 돌봄과 교육의 중요성을 아무리 강조해도 지나치지 않은 상황이다. 우리 교육계가 서로 간의 입장과 처지에 따라 대의를 두고 반목해서는 교육의 발전을 기약할 수 없다. 그림을 크게 그려서 봐야 한다.

모든 영유아에게 질 높은 교육을 제공하는 것이 우리 사회를 발전시키는 기반이 된다. 그러기 위해서 통합은 피할 수 없으며, 사회적 합의가 신속하게 이루어져 빠른 시일에 구체적인 추진 시안이 발표되기를 바란다.

디트뉴스24 [성광진의 교육통(通)] 2024.03.14

불신시대의 파수꾼
'디트뉴스'

　생존이 위협받는 전쟁 직후, 어디 하나 믿을 곳 없는 현실. 박경리의 단편소설 '불신시대'는 각박했던 50년대의 현실을 그대로 압축하여 보여준다. 전쟁 중 남편과 사별한 주인공은 유일한 희망인 아들마저 의사의 무성의한 치료로 잃게 된다. 병원, 교회, 절 등의 부패와 타락을 경험하며 당시 사회의 모습에 여인은 절망한다.
　의사는 약의 양을 속이고 무면허 진료를 하고, 오로지 돈만 바라보며 환자에게 무관심하다. 교회의 교인들마저 사기를 쳐 돈을 떼인다. 스님마저 오로지 돈타령이다. 전쟁 직후의 서울에서 살아가는 서민들의 아픔을 작가는 투명하게 들여다 본다.
　'불신시대'에서는 힘없고 돈 없는 서민들은 뭐 하나 믿고 살아가기가 힘들다. 그런데 1950년대보다 훨씬 풍요롭게 살게 된 지금, 왜 그 시절보다 더한 불신이 우리를 휘감고 있는 것일까?
　인터넷 시대에는 국경을 초월하여 사기를 치는 피싱 범죄가 판을 친다. 최근에는 지인을 사칭한 부고 문자를 받으면 바로 피싱 사이트로 연결되면서 메신저 피싱에 악용되는 수법까지 등장했다. 사정이 이렇다 보니 모든 메신저를 의심하지 않을 수 없다.
　거기에 온갖 추측과 예단을 바탕으로 정치를 각종 의혹들을 생산하는 유튜브들이 넘쳐난다. 그뿐만이 아니다. 정치인들과 권력자들의 언사가 늘 귀를 어지럽힌다. 총선을 앞둔 요즘에는 투표 조작을 의심케 하는 프랑카드가 여기저기에 붙여져 있다. 민주주의의 기본인 선거를 불신하라고 조장하는 현실 속에서 대중들은 그동안 참여했던 선거의 결과를 의심하지 않을 수 없다. 결국 정치 불신으로 이어지는 것이다. 이것은 과연 무엇을 바라는 것일까? 돈을 투자하라고 꼬드기는 수많은 투자 관련 사기가 범람하고, 이로 인해 고통받는 사람들도 많다. 주변의 젊은 부부들과 혼자 사는 청년들이 전세사기로 전 재산을 날리게 된 현실은 믿을 놈 아무도 없다는 불신 지옥사회를 만들었다.

이런 사회에서 어느 한편에 치우치지 않고 공정에 진심인 언론이 가장 필요한 시점이다. 믿을 수 있는 소식과 말들이 정말로 필요하다. 의심스러운 여러 사건들의 진실을 정확하게 파헤쳐 전달하는 소식이 필요하다. 가치 중립에 기반을 두고 올바른 사실을 전달해 주는 언론이야말로 불신을 막는 방파제와도 같다.

내가 매일 한 번은 찾게 되는 '디트뉴스'는 창립 스무 해를 넘어서는 내내 시시비비를 가려내는 역할을 해왔다. 이념적 성향과 관계없이 중립과 공정에 따라 사실을 정확하게 전달하려고 노력해 왔다고 지역민들은 평가하고 있다. 그동안 믿을만한 소식을 가장 신속하게 전해주는 언론매체로서 인정받았기에 지역에서 오랫동안 사랑받아 온 것이다.

지역의 권력들이 가장 두려워한 것은 바로 진실을 전달하려는 기자들의 노력이었다. 하여 지역민들이 이 인터넷언론에 의지하는 바가 매우 컸다. 그런데 최근 그동안 지켜온 공정에 개입하는 사건이 벌어지면서 지역에서 우려가 많다. 이 언론사의 소식에 의지하는 적지 않은 구독자들은 실망감을 드러내고 있다. 그러나 공정은 결코 사그라지지 않을 것이다. 지역의 정의로운 언론인은 물론이고 시민들이 그대로 두고 보지는 않을 것이기 때문이다.

불신사회를 만드는 여러 기제에 그대로 순응하는 것은 우리 사회가 망하는 지름길이다. 전쟁 직후의 배금주의 풍조 속에서 금쪽같은 자식을 잃고 누구도 믿을 수 없는 시대를 살아가는 '불신시대'의 주인공은 시대에 저항하는 생명의지를 새롭게 가다듬는다. 자식의 위패를 태워 과거와 결별한 '주인공 진영'은 매몰스럽게 차가운 겨울 눈이 쌓인 언덕을 내려오며 "그렇지. 내는 아직 생명이 남아 있었지. 항거할 수 있는 생명"이라고 미래를 다짐하는 것이다. 이러한 의지가 오늘날 우리 사회를 올바로 이끌어온 것이 아닌가 한다. 불신을 조장하는 세력을 막기 위해 저항의지를 갖는 언론이 정말 필요하다.

디트뉴스24 [성광진의 교육통(通)] 2024.02.20

대전교육 혁신을 위한 세 번째 도전 5

성광진의 정책과 비전

성광진, 세번째 대전교육감 출마.
"마지막 도전"

2018년과 2022년 출마했으나 설동호 교육감에 패배
성 소장; "교육이 왜 변화해야 하는지 잘 아는 교육감 적임자"

성광진 대전교육연구소장(67)이 2026년 치러지는 대전시교육감 선거에 출마할 결심을 마쳤다. 이번이 세 번째 도전으로 사실상 그의 마지막 출마가 될 가능성이 높다.

성 소장은 최근 〈로컬투데이〉와 가진 인터뷰에서 "출마할 계획이다. 마지막 도전"이라며 "저는 교육 구성원들에게 개혁적 요구를 해왔던 사람으로, 이 시대에 교육이 왜 변화해야 하는지 잘 아는 교육감 적임자"라고 출마 의사를 밝혔다.

사실 그는 지난 2번의 교육감 선거에서 잇따라 설 교육감에게 패했다. 2018년 대전교육감 선거에서 47%를 얻어 52.99% 득표한 설 교육감에게 패했다. 또 2022년 선거 때도 출마했다가 30.05%를 얻는 데 그쳐 41.50%를 득표한 설 교육감에게 연거푸 고배를 마셨다.

하지만 2026년에 진행되는 대전시교육감 선거는 연임 제한으로 설 교육감이 출마할 수 없게 되는 '무주공산'으로 치러지다보니 성 소장의 출마 의지는 그 어느 때보다 강하다. 때문에 많은 후보들이 출마할 것으로 예상된다.

성 소장은 "설 교육감이 이끈 지난 11년의 대전교육은 열심히는 한 것 같은데 근본에서는 벗어난 느낌"이라며 "교육의 근본은 학생

과 교사인데 현재 교육행정은 학생과 교사를 위한 역할은 빠져 있는 것 같다"고 현 대전교육을 진단했다.

성 소장은 지난 2018년 대전교육감 선거 때부터 다양한 정책을 펴기 위해 노력했지만, 두 번의 교육감 선거에서 패하며 정책 실행은 무산됐다. 그는 "저는 오랫동안 학교 현장에서 살면서 사립학교 비리, 교육 비리에 맞서 싸웠고 교육 개혁을 위해 거리로 나서기도 했다"며 "시민사회와 연대해 교육 현장에서 산전수전을 모두 겪은 사람이 바로 저"라고 자신만의 차별성을 강조했다.

성 소장은 진보진영 후보들만의 단일화에 대해서는 "단일화로 인해 후보들의 선거운동이 어렵게 된다면 굳이 필요하겠는가"라며 "단일화는 필요하다고 생각하지만, 과연 범 진보진영이 단일화할 수 있을지 걱정이 드는 것도 사실"이라고 솔직한 심정을 토로했다.
이어 그는 "의견을 통합하기 어렵고 한군데 모아내는 게 어려울 수도 있다는 생각"이라면서도 "그럼에도 진보진영 단일화는 필요하다. 사회적 합의와 권위가 있는 사람들을 중심으로 단일화를 논의해야 한다."고 속내를 밝혔다.

성 소장은 최근 이재명 정부 초대 교육부 장관 후보로 지명됐다가 낙마한 이진숙 전 충남대 총장의 출마설에 대해서는 "명예회복을 위해 출마하지 않겠느냐"라고 조심스런 전망을 내놨다.
성 소장은 지난 6월 치러진 제21대 대선 과정에서 더불어민주당 이재명 대선 캠프에 참여하며 보폭을 넓혔다.

『로컬투데이 2025.08.05.』

[인터뷰] 성광진
"시대 역행 대전교육청, 지시·감독 아닌 철저한 지원으로 바꿀 것"

2018년 47% 지지 받고도 낙선
"학생·교사·학부모·시민 여전히 대전교육 변화 원해"
교사·학생·학부모 중심 기관으로…
"시범·선도·연구학교 등 폐지, 청렴감사관제 도입"

"대전교육청을 지시·감독 기관 아닌 교사·학생 교육활동 지원 기관으로 만들겠다."

성광진 대전교육연구소 이사장이 지난달 1일 대전교육감 선거 예비후보에 등록, 재도전에 나섰다. 지난 2018년 선거에서 47%의 높은 지지를 받았음에도 현직 설동호 교육감의 벽을 넘지 못한 그는 학생·교사·학부모·시민들이 여전히 대전 교육에 변화를 원하고 있어 재출마를 결심했다고 밝혔다.

성광진 대전교육감 예비후보는 진보 교육계에서 잔뼈가 굵은 인물이다. 교육민주화운동에 앞장서는 바람에 네 번에 걸친 해직을 당했으며 전교조 대전지부장을 역임했다. 또 대전장애인교육권연대 공동대표, 대전참여자치시민연대 공동의장, 대전마을교육공동체포럼 공동대표 등 끊임없이 지역에서 교육운동의 지평을 넓혀 왔다.

"대전교육은 권위주의적이고 보여주기식이다. 교사와 학생이 정책과 사업을 시행하기 위한 수단으로 바뀌었다. 본말이 전도됐다."

성광진 예비후보는 "교육행정의 핵심은 아이를 잘 가르치는 데 있고 교육청은 이를 지원하는 것인데 대전교육은 거꾸로 되어 있다"며 "교사·학생·학부모 기반 정책을 꾸리는 것을 최우선에 두겠다."며 설동호 교육감의 대전 교육 8년을 비판했다.

그는 우선 교육청의 청렴을 강조했다. 지난 6년 대전교육청은 국민권익위원회 청렴도 평가에서 연속으로 최하위권을 맴돌고 있는 것을 타파하기 위한 것으로 시민감사관 운영, 원스트라이크 아웃제, 인사규정 정비, 참여예산제 등으로 투명성을 높일 방침이다.

무엇보다 학교업무 정상화를 위해 교무행정업무전담팀을 운영하며 행정업무 보조인력 등을 채용하여 교사들의 교육활동 외 잡무를 제거할 뜻을 피력했다. 또 시범·선도·모델·연구학교를 폐지해 전시성 실적 위주에서 과감히 탈피하겠다고 강조했다.

혁신학교인 창의인재씨앗학교에 대해서는 "교육혁신 활동을 긍정적으로 생각한다."며 일반학교에 적용시켜 확산할 의사를 보였으며 "교장공모제 특히 교장 자격증을 필요로 하지 않는 내부형이나 개방형 등이 승진제와 대비해 제도로서 효과가 있는지 비교할 필요가 있다."고 말했다.

〈교육플러스〉는 보다 민주적인 학교, 지시와 감독이 아닌 지원하는 교육청, 지역사회와 힘을 합치는 교육감의 모습을 보이겠다는 성광진 대전교육감 예비후보를 만나 대전교육에 대한 생각을 들어봤다.

아래는 성광진 예비후보와의 일문일답.

성광진 대전교육감 예비후보는 대전북고에서 교사 생활을 시작하여 대전북중, 대전중, 대전여자정보고, 대전국제통상고, 대전고, 대전복수고 등에서 국어교사로 32년간 학생을 가르쳤고 2017년 2월 퇴임했다.

Q. 지난 1월 대전교육감 출마를 선언했습니다. 2018년 낙선 이후 어떻게 지냈으며, 특히 교육감이 되려는 이유는 무엇입니까.

낙선 이후 출마를 생각하지 않고 대전교육연구소 활동에 주력하면서 대전교육발전에 도움이 되는 일들을 찾아보았습니다. 그 과정에서 지난 선거가 나의 개인적인 바람이 아니라 대전교육에 변화를 원하는 학생, 교사, 학부모, 시민들의 바람이라는 것을 깨닫고 다시 출마를 결심하게 되었습니다.

현재 학교 현장은 급격한 변화를 겪고 있습니다. 학생들은 스마트폰 하나로 모든 지식을 검색할 수 있습니다. 이런 시대에 지식전달자로서의 교사 역할은 지극히 협소해지면서 교사의 전문가적 권위는 상당히 약화되었습니다.

하지만 교사는 학생들에게 지식뿐만 아니라 미래의 삶을 위한 방향을 제시하고 인생의 가치를 알려줄 수 있어야 합니다.

따라서 현재의 관료주의적 시스템은 시대의 흐름과 맞지 않다고 생각합니다. 그 시스템 안에 갇혀있게 되면 변화하는 교육환경을 느끼지 못하고, 대응도 어려울 수밖에 없기 때문입니다.

저는 이러한 시스템을 변화시킬 것입니다. 학교를 보다 개방하여 지역사회와 더불어 아이들을 가르쳐나가는 방향으로 나아가려 합니다.

Q. 중등 교사를 지냈고 전교조 대전지부장 등 32년을 교육현장과 교육운동가로 보냈습니다. 자신의 강점과 단점은 무엇이라 생각하십니까? 행정 경험이 없다는 지적도 나옵니다.

교육감을 단순한 행정가로 보지 않습니다. 교육감은 현실 문제를 파악하고 미래를 내다보고 교육의 정책방향을 설정하는 선구자가 되어야 한다고 봅니다.

저는 1989년부터 교육민주화운동에 앞장서서 네 번에 걸친 해직의 고초를 겪고 1999년 전국교직원노동조합이 합법화되었을 때 대전지부 초대 사무처장을 지냈습니다. 2005년에는 전교조 대전지부장으로 당선되어 교육현장의 문제 해결을 위해 과감하게 활동의 폭을 넓혀 나갔습니다.

2005년에는 장애인단체, 시민, 학부모들과 함께 대전장애인교육권연대를 창립해 공동대표로 시교육청과 협의회를 구성해 장애 학생들에게 평등한 교육기회를 제공하는 데 앞장섰습니다.

또 지역 22개 시민단체들이 참여한 '학교급식지원 조례제정 주민발의를 위한 대전시민연대'를 결성해 대전지역 최초로 주민발의를 통해 조례 제정을 추진, 무상급식 토대를 마련하기도 했습니다.

전국 최초로 19개 사학법인들과 단체교섭을 통해 사립학교 교원들의 교권도 향상시켰습니다.

2008년부터 2013년까지 대전참여자치시민연대 공동의장으로 지역의 공공기관을 비롯한 권력기관에 대해 시민의 눈이 되어 감시하고 견제하는 활동에 앞장서기도 했고 더 나아가 '대전마을교육공동체포럼' 공동대표 등을 맡으면서 지역사회 전체와 교감하려고 노력했습니다. 끊임없이 교육운동의 지평을 넓힌 것이 제 경력이 됐고, 장점이 된 것 같습니다.

지역사회와 교감하고 다양한 교육문제의 문제점을 지적하고 개선방향에 대해 앞서서 나가고자 했던 본인이 대전 교육을 이끌 적임자 아닐까요.

Q. 굉장히 많은 일은 하셨는데요. 그렇다면 단점은 무엇이라 생각하십니까.

'행동하지 않으면 바뀌지 않는다'는 게 제 오랜 신념입니다. 이러한 신념을 바탕으로 원칙을 정해 앞을 향해 달리다보니, '고집이 세다'는 말을 듣습니다. 이로 인해 주변으로부터 강경하다는 말을 듣기도 했습니다. 그러나 최근에는 많이 유연해졌다는 평가를 받고 있어요.

성광진 대전교육감 예비후보는 설동호 교육감의 대전교육 8년에 대해 권위주의적이고 관료주의적이라 뒤로 후퇴하고 있다고 지적했다.

Q. 설동호 대전교육감의 8년, 어떻게 평가하십니까.

지역교육의 권위주의적이고 관료주의적 시스템 변화가 절실합니다.

교육행정의 핵심은 교실에서 아이를 잘 가르치는 데에 있고, 이를 지원하기 위해 정책이 있는 건데 현재 대전교육은 그게 거꾸로 돼 있습니다. 교사와 학생은 정책과 사업을 시행하기 위한 수단으로 뒤바뀐 것이죠. 그래서 아직도 잡무에 시달리는 교사들의 고통이 계속되고 있습니다.

저는 모든 권위주의와 보여주기식 교육을 타파하고 싶습니다. 교사, 학부모, 학생에 기반을 둔 정책이나 사업이 아니면 하지 않을 것입니다. 이게 저의 소신이자 앞으로 해결해야 할 과제라고 생각합니다.

특히 대전교육청은 국민권익위원회의 청렴도 평가에서 지난해까지 연속으로 6년간 최하위권을 맴돌 정도로 문제가 심각한데도 어떠한 해결책도 없이 헤매고 있습니다.

스쿨미투가 심각해도 대책이 미지근하고, 온갖 비리로 인해 손가

락질을 받아도 마냥 그대로입니다. 무능과 무책임으로 지난 8년이 점철되어야 있다고 해도 지나치지 않습니다.

최근에는 학생 수요 예측이 잘못되어 학교 설립을 둘러싸고 학부모들의 민원이 급증하는가 하면 대책 없이 임시가설교실로 땜질하는 식입니다.

근본적인 원인을 살펴보고 대책을 세워야 하지 않겠습니까. 저는 대전교육이 오히려 뒤로 후퇴하고 있다고 봅니다.

설동호 8년 대전교육, 실적 위주 본말전도 "대전교육 뒤로 후퇴"…청렴도 최하위권 "시민감사관 운영, 원스트라이크 아웃제 도입, 인사규정 정비"

Q. 투명하고 청렴한 교육청을 만들겠다고 공언했습니다. 구체적으로 어떤 청렴공약을 준비셨습니까.

으선 공익제보센터를 통한 시민감사관 운영입니다. 현 청렴시민감사관제의 한계(독립적인 감사활동 보장의 제약, 비상근 한시성의 한계)를 보강한 시민감사관제를 도입하려 합니다. 독립성과 투명성이 보장된 활동·지속성과 집중적인 감사를 위한 상근 활동을 보장할 것입니다.

민의를 적극 반영하고 교육감을 비롯한 교육청 권력을 감시하는 감사관제 도입하고, 고위공직자 청렴도 평가도 확대할 것입니다.

교육 부패비리 처벌 강화와 예방체계도 구축하려 합니다. 이를 위해 원스트라이크 아웃제 시행, 사이버감사시스템 운영(현 에듀파인 시스템, NEIS 적극 활용), 학교 4대 비리 특정감사 실시(특별감사), 시설공사 비리 차단(시설공사, 방과후학교 운영, 학교급식, 운동부 관련 특정감사 실시) 및 감사관실 조직개편(업무분장)을 통한 특별

관리팀을 운영할 계획입니다.

공정하고 투명한 인사를 위해 전문직·일반직 인사규정 정비에 나설 것입니다. 또 다양하고 공정한 승진제도 구축해 교직원 승진·전보제도 개선하겠습니다.

사립학교의 공적 책무성 강화 역시 빼놓을 수 없습니다. 공공성 강화를 위해 기간제 교원 비율 축소 및 위탁 채용을 확대하고 교사 공개채용 확대 및 채용 절차 객관성 확보로 청렴도를 향상시키겠습니다. 책무성을 강화하기 위해 비리재단에 강력한 제재 조치를 하겠습니다.

또 참여예산제로 행정 투명성 강화하고 합리적인 노사관계 구축을 위해 교육 관련 노동조합 및 단체와 교섭과 협의를 통한 교직원의 근무 여건 개선하겠습니다.

무엇보다 소통이 가장 중요하겠죠. 교육주체들(학생, 교사, 학부모)이 참여하는 정기적인 온·오프라인 교육수다방을 운영하고 열린교육감실을 확대·개편해 교육수다방은 정례화하려 합니다. 각종 위원회를 활성화 하기 위해 참여형 정책숙의제를 운영하겠습니다.

Q. 청렴 공약과 연계해 교육활동 중심으로 행정체계를 개편할 계획을 알렸습니다. 어떤 내용들이 담겼습니까.

교육청과 학교의 각종 사업 및 행사 정비와 함께 교무행정업무전담팀을 설치·운영하며 정책사업 모니터링제를 시행하려 합니다. 또 교육청 협력사업의 간소화, 공문 절대 감축을 시행하겠습니다.

학교업무 정상화를 위해 학교업무 매뉴얼을 정비하고 전시성 및 실적 위주의 행정업무를 폐지할 것이며 교육정책 사업을 정비해 연도별 폐지에 나설 것입니다. 단위학교의 업무조직을 교무행정업무 중심에서 교육활동 중심으로 개편하고 단위학교 자율성을 확대하기 위해 각종 시범·선도·모델·연구학교을 폐지 또는 축소하겠습니다.
　　교육지원청은 학교지원센터로 전환해 학교시설통합관리 및 공통업무를 지원하고 지자체와 함께 하는 방과후학교지원센터를 추진할 것입니다.

학교업무 매뉴얼 정비, 교무행정업무전담팀 설치.
교육지원청→ 학교지원센터로.

Q. 교무행정업무전담팀 설치 운영 등을 말씀하셨습니다. 전국적으로 교원행정업무 경감이 화두인데요. 구체적으로 어떤 어떤 구상을 하고 있습니까.
　　학교업무 정상화를 위해 단위학교 행정체제를 교육활동 중심으로 개편해야 한다고 봅니다.
　　교사들의 잡다한 행정업무 경감을 위해서 행정업무 보조인력을 채용해야 합니다.
　　학교에서 교사는 일반인들이 생각하는 것보다 훨씬 많이 교육 외의 것들에 시간을 낭비하고 있습니다. 교사가 질 높은 교육을 위해서 늘 연구하고 수업을 준비해야 함에도 교사는 각종 잡무에 시달리고 있죠. 이런 현상은 교사의 교육적 의욕과 열정을 좌절시켜서 결국은 학생들이 피해를 보게 됩니다.
　　다양한 상황과 조건을 고려하고 타 시도교육청의 사례를 반면교사 삼아 현실적이면서도 합리적인 방안으로 행정업무개편을 추진하겠습니다.

Q. 시범·선도·모델·연구학교 폐지 및 축소를 말씀하셨습니다. 이 학교들은 어떤 문제를 유발한다 생각합니까.

투명하고 청렴한 교육행정을 위해서는 교육행정체계 개편이 우선시 되어야 합니다. 학교에서 교사가 행정업무에 시달리게 되면 본업인 교육활동에 전념하기 어렵기 때문입니다. 이런 현상은 고스란히 질 좋은 교육을 받아야 할 학생들에게 피해로 이어집니다.

학교업무를 정상화하기 위해 전시성, 실적 위주 모든 행정업무를 폐지할 계획입니다. 단위학교 업무조직을 교무행정업무 중심에서 교육활동 중심으로 개편할 것입니다.

교사들은 교육청 주도 각종 시범·선도·모델·연구학교가 학생들이나 교사들에게 교육적으로 도움이 되지 않음을 잘 알고 있습니다. 교육관료, 승진을 갈망하는 교사들에게만 유용한 각종 학교들이 난무하고 있습니다.

공정하고 투명한 다양한 승진제도를 구축해 보여주기식이고 형식적인 각종 사업을 승진에 이용하는 방법을 개선해야 한다고 생각합니다.

각종 학교 사업은 그 사업 추진을 위한 예산과 행정력, 각종 잡무가 부가되어 학교 현장 교사들 업무를 가중시키고 귀한 예산만 낭비하게 됩니다. 사업 예산을 모든 학교에 균등하게 분배하여 업무도 경감하고 학교 자율성도 확보하는 방향으로 추진할 것입니다.

물론 교육적으로 반드시 의미 있게 해야 할 것들도 있겠지만, 교육청은 가급적이면 단위학교의 자율성을 키워주고 학교가 고유 업무인 교육에만 전념할 수 있도록 부가적인 사업을 만들지 않는 게 바람직하다고 생각합니다.

성광진 대전교육감 예비후보는 대전은 교육환경이 좋은 교육도시이지만 고교 성적 우수 졸업 학생들의 수도권 이탈을 걱정했다.

Q. 대전교육의 사회환경적 장점과 약점은 어떻게 파악하고 있습니까.

대전은 초중고 교육뿐만 아니라 고등교육기관도 균형 있게 배치되어 있는 교육도시이면서, 과학연구기관이 밀집되어 있는 대덕연구단지가 있어 한국 최고의 두뇌집단이 모여 있는 곳이기도 합니다.

따라서 교육환경이 매우 좋다고 할 수 있지만, 수도권이 너무 가깝다는 게 오히려 약점이 되고 있습니다. 고교 우수성적 졸업자들이 대부분 수도권으로 진학하려는 현상이 매우 강하기 때문이죠.

지금 현재 학령인구 감소로 대학정원이 줄어들고 있으며, 수도권 대학의 합격선이 점차 낮아지고 있습니다. 그렇지 않아도 수도권으로 가려는 의지가 강한 상황에서 합격선까지 낮아지면서 지방대학 다수는 정원 미달로 몰락 위기 상태입니다. 더욱 많은 인재가 수도권으로 향하면서 돈도 몰려가게 되고 결국 지역사회가 고사될 수 있습니다.

대전도 예외가 아니며, 더 큰 피해가 나타날 수 있습니다. 교육감과 지역 대학의 총장들, 시민단체들이 나서서 교육부와 중앙정부를 강력하게 압박해 현재의 구조를 개혁하는 방안을 찾아야 합니다.

제가 교육감에 도전하려는 가장 큰 이유 중 하나입니다. 어떻게 해서든 수도권에 인재가 집중되는 현상을 막고 지역 발전을 선도할 지역 인재를 발굴하는 것 또한 교육감의 중요한 역할이라고 생각합니다.

대전 교육환경 우수하지만 '수도권 근접 우수 인재 유출 심각'. '동서 격차 심화' '원도심 학교 적극 투자로 학력 격차 보완 필요'

Q. 출마 선언을 통해 동서지역 교육격차를 지적했습니다. 동서지역은 어떤 교육격차를 보이고 있습니까. 왜 이런 문제가 발생하며, 어떻게 해결할 방침입니까.

지난 2006년 시민사회단체들과 함께 '지역교육격차해소를위한대전시민연대'를 발족하여 동·서간 교육격차 해소를 위해 노력을 한 바 있습니다.

당시 이미 신도심과 원도심으로 나누어 새로 개발된 지역과 과거 도심 주거지역 간의 경제적인 격차가 학력 격차로 나타났습니다. 이는 우리 사회 입시경쟁교육의 모순이기도 하지만, 사교육이 잘 발달된 신도심이 원도심보다 성적이 높았습니다.

초등학교에서부터 성적 상위학생들은 여건만 되면 이사 가는 것이 지속적으로 이루어지면서 원도심의 인구도 줄고 학생들의 학력은 점점 격차를 보였습니다. 우리 사회의 경제적 격차가 학력의 격차로 이어지는 교육의 양극화라고 말할 수 있으며 반드시 극복해야 할 과제입니다.

결국은 원도심 학교에 대한 적극적인 투자가 필요합니다. 학력격차를 보완하기 위한 방과후학교의 지원 등을 비롯하여 지역사회와 협력하여 다양한 접근을 하여야 합니다.

성광진 대전교육감 예비후보는 지난해 코로나 확산 시 대전교육청의 대응을 지적하며 시교육청 산하에 컨트롤센터를 설치해 방역의 사령탑 기지로 삼겠다고 밝혔다.

Q. 코로나19가 엄중한 상황입니다. 시교육청 산하에 컨트롤센터를 운영하겠다고 밝혔는데요. 구체적인 구상은 어떻게 하고 있습니까?

지난해 4월 초에 학생 확진자가 발생한 학교가 13개교로 늘어나며 확진자가 속출했음에도 대전시교육청은 제대로 대응하지 못했습니다.

대전시교육청이 그 이전에 IEM국제학교 집단감염 사태가 터졌을 때 학원과 교습소의 방역실태를 지도 점검하는 등의 특별 조치를 단행했더라면, 지난해 4월의 보습학원에서 촉발된 청소년 집단감염은 막을 수 있었습니다.

교육청은 '감염병 전담대응팀'을 꾸려야 한다는 교원노조 요구를 묵살하고 '비상대책본부'를 구성하여 전담하고 있다고 강변했습니다. 하지만 당시 그 본부란 각 부서별 업무를 나열하고 있을 뿐이었습니다. 사실상 방역의 사령탑(control tower)이 없었습니다.

전담부서나 인력이 없이 이런 엄중한 사태를 대비하기 어렵습니다. 외부 감염병 전문가(의사 등)를 포함한 전담부서를 만들어 학교보건교사들과 협력체제를 만들어야 합니다.

신속하고 정확한 상황 파악과 체계적인 감염병 대응 및 위기관리를 위해 전문가를 포함한 대응관리팀을 운용할 필요가 있습니다.

대전교육청, 코로나 확산 초기 대응 실패 "컨트롤센터 만들어 방역 사령탑 삼을 것"...보건교사 57%만 배치 "정원 별도 100% 필요, 기간제 및 보건강사 지속 지원 약속"

Q. 모든 공립유치원 및 초중고에 보건교사 배치를 약속했습니다. 특히 17학급 미만은 보건교사 미배치로 감염병 대응이 어렵다고 했는데. 현재 대전의 보건교사 배치 현황은 어떻습니까. 정원은 다른 교과와도 맞물려 있는데, 어떻게 할 방침입니까.

현재 대전시 학교수는 공사립(유, 초, 중, 고, 특수학교, 각종학교) 총 555개입니다. 이중 보건교사 배치교는 316개교이므로 57% 정도입니다. 특히 단설유치원의 경우 11개 중 단 1곳만 배치되어 있습니다.

향후 100% 확보를 위해서 지속적인 정원 확대 요구가 필요합니다. 이는 교과 교사 정원과는 별도로 요구되어야 합니다.

보건교사 미배치교는 학생의 건강권 요구 증가 및 감염병 예방, 보건교육 내실화를 위하여 기간제 교사 및 보건강사 지속 지원하도록 하겠습니다.

Q. 대전 학생 및 학부모에게 적합한 진로진학 전략은 무엇이라 생각하십니까. 교육감이 되면 어떻게 지원할 방침입니까.

학생들의 여건과 상황에 맞는 맞춤식 진로진학 지도가 이루어져야 합니다. 청소년의 진로진학 관련 상담활동을 내실화하고 지원을 강화해죠.

또한 메타버스를 활용한 진로체험교육 인프라를 구축해서 진로체험 프로그램을 확대할 계획입니다.

대입지원관 운영을 통해 수시·정시를 대비한 상시적이고 집중적인 실질적 진학지도를 실행할 계획입니다. 이는 학생들의 대학 진학을 위한 효과뿐 아니라 학부모들의 사교육비 절감을 기대할 수 있습니다.

Q. 초등돌봄 등이 운영되고 있지만 교원에게 부과되는 행정업무 등 이유로 교육계에서는 지자체 이관 요구 목소리가 높은데요.

학교와 지역사회가 함께하는 공적 돌봄체계를 구축하려 합니다. 학교 돌봄 전담사의 전문성 향상과 돌봄의 질 향상은 기본이죠. 지자체와 학교가 협력하는 지역돌봄협의체를 구성하고 마을 단위의 마을교육공동체 마을돌봄교실 지원을 확대하겠습니다.

성광진 대전교육감 예비후보는 혁신학교인 창의인재씨앗학교의 활동을 긍정적으로 생각하며 교장승진제의 개선을 위해 교장공모제가 필요함을 강조했다.

Q. 대전형 혁신학교로 '창의인재씨앗학교'가 운영되고 있습니다. 현재 운영 현황을 어떻게 파악하고 있으며, 일반 학교 대비 어떤 지원이 시행되고 있습니까. 교육감이 되시면 혁신학교인 창의인재씨앗학교를 어떻게 하실 방침입니까.

2018년 4개교 지정으로 시작된 창의인재씨앗학교는 2021년 18개교로 늘었습니다. 올해 4개교가 추가 지정돼 총 22개교가 운영되고 있으며 창의인재씨앗학교 4년 운영 후 종합평가 결과 및 교육구성원 동의를 거쳐 재지정된 학교는 총 8개교입니다.

1~2차연도 각각 5000만원, 3차연도 2~3000만원, 4차연도 1~2000만원의 예산을 지원하고 있죠.

저는 혁신학교의 실험을 통한 교육혁신 활동을 긍정적으로 생각합니다. 교직원의 혁신역량을 강화하고 민주적인 학교문화 및 배움과 성장 중심의 수업으로 학교혁신 문화를 주도하며 충청권 혁신학교 공동사업 추진을 통한 학교 혁신 공동 성장을 도모합니다. 또 학교혁신 영역별 모델 구축 및 일반화, 성장학교 운영을 통한 혁신 지속 성장 모델 마련에 성과가 있었다고 봅니다.

다만 혁신학교는 본질적으로 공교육의 새로운 모델을 제시하거나 공교육의 역기능을 극복하기 위한 일종의 실험학교라 생각합니다. 특목고 등과 같은 차별화된 학교가 아니라는 것이죠.

그러므로 혁신학교의 궁극적인 목표는 혁신학교의 긍정성을 보편적인 학교의 모습으로 가져와서 더 이상 별도의 혁신학교를 만들지 않다는 데 있습니다.

창의인재씨앗학교의 성과와 한계를 진단해서 궁극적으로는 일반학교에 적용시키며 확산시킬 때 그 의미가 크다고 봅니다.

창의인재씨앗학교 긍정적 "혁신 성과 일반학교 적용 확산 필요"...교장공모제, 승진제 문제 극복 잠재력 "내부형, 초빙형 지속해 승진제와 비교해야"

Q. 혁신학교는 교장공모제와도 연계돼 있는데요. 교장공모제는 어떻게 생각하십니까.

현행 교장승진제도 개선을 위해 만들어진 교장공모제는 2007년 2학기부터 시범 실시되기 시작했습니다. 교장공모제는 현행 교장승진제로 인한 문제를 극복할 수 있는 상당한 잠재력을 가진 제도입니다.

현 단계에서 시급한 것은 특히 교장 자격증을 요구하지 않는 내부형이나 개방형 제도의 효과성을 제대로 검증할 수 있을 정도로 시범 실시 학교 수를 늘리는 것입니다.

퇴임 교장의 15% 이내에서 교장공모제를 시행할 수 있도록 규정된 교육공무원법 시행령은 그대로 두더라도, 교장공모제 실시 학교 가운데 또 15% 이내에서만 교장 자격증을 가지지 않은 사람이 응시할 수 있다는 교육부 규칙을 우선 폐지해야 합니다.

교장공모제 내 초빙형은 사실상 교장승진제의 문제점을 극복하기 위한 대안으로서의 교장공모제 정신과 관계없는 것이기 때문에 교장공모제 유형에서 분리할 필요가 있습니다. 현 상황에서 향후 몇 년간이라도 교장 자격증을 필요로 하지 않는 내부형이나 개방형 교장공모제를 실시하여 현재의 교장승진제와 대비되는 교장공모제가 제도로서 효과가 있는지 비교할 수 있을 것입니다.

또 교장승진제와 교장공모제를 단위 학교가 선택할 수 있게 한다면, 제도 경쟁을 통해 자연스럽게 교장 임용 문제가 개혁 혹은 개선되어갈 수 있다고 생각합니다.

성광진 대전교육감 예비후보는 자사고는 실패한 제도라며 존재 가치가 없다고 판단했다.

Q. 정부는 2025년 자사고, 외고 등 특목고의 일반고 전환을 예정하고 있는데요. 예비후보님의 생각은 어떤지 궁금합니다.

자사고는 이미 실패한 제도라도 봅니다. 일반학교에 비해 효율적이지도 않고, 특별한 교육과정도 없이 오로지 입시성적만을 높이기 위한 수단으로 전락했습니다. 현재의 자사고는 더 이상 존재할 가치가 없다고 판단합니다. 현재 대전의 자사고의 학교 법인이나 구성원들도 일반고로 전환을 모색하고 있다고 알고 있습니다.

외고와 과학고 등 특목고도 사실상 그 목적에 맞게 인재를 양성해 왔는지에 대한 검토와 반성이 필요합니다. 설립 목적에 맞게 교육과정을 운영해 인재를 양성하여야 합니다.

Q. '이것 하나는 책임지겠다'고 하는 게 있을까요. 마지막으로 남기고 싶은 말씀과 함께 남겨주세요.

학교가 보다 민주적으로 운영되어 구성원 모두가 존중과 배려를 통해 보람을 찾을 수 있도록 유도하고 싶습니다. 그런 바탕에서 학교에서 학생들이 개성과 능력을 마음껏 펼칠 수 있도록 여건을 만들어주고 싶습니다.

교육청이 지시하고 감독하는 기관이 아니라 단위학교에서 교사, 학생들이 자율적이고 활발한 교육활동을 지원하고 협조하는 기관이 되도록 하겠습니다. 교사와 학부모, 지역사회가 힘을 합칠 수 있도록 교육감이 앞장서는 모습을 보여주고 싶습니다.

『교육플러스 2022.03.20.』

[인터뷰] 성광진 대전교육감 후보
"청렴한 대전교육 만들겠다"

"대전교육청 청렴도 최하위권 등 교육민원 산적"
투명·청렴 중심 청렴시민감사관제 등 공약
학생인권조례 제정엔 "찬성"…교육 보수·진보 구분엔 "중도진보 진영 유일한 주자"

"저는 행복한 학교 미래를 여는 대전교육을 넘어 '공정한 배움 청렴한 대전교육'을 만들겠습니다. 진심을 다해 '꿈을 키우고, 미래를 설계하고, 삶을 가꾸는 교육'을 하겠습니다"

오는 6월 지방선거 대전시교육감 선거에 출마한 성광진 후보의 목표다.

성광진 후보는 지난 2018년에도 교육감 선거에 출마했지만 현 교육감인 설동호 후보에게 밀려 낙선했다. 이후 대전교육 발전을 위해 힘써오다 대전교육 변화를 원하는 학생·교사·학부모·시민들의 바람 속에 재도전을 결심했다.

성 후보는 〈충청뉴스〉와의 인터뷰를 통해 "이제 대전교육도 시대의 변화에 발맞춰 따라갈 때"라며 "절대 물러서지 않고 반드시 대전교육의 대전환을 이뤄내겠다"고 강조했다.

성 후보는 "대전교육은 청렴도 6년 연속 전국 최하위권, 줄어들지 않는 지역별 교육격차, 스쿨미투 등 여러 가지 교육 민원이 산적해 있다"며 "현재의 관료주의적 시스템을 변화시킬 것"이라고 했다.

성 후보의 공약 핵심은 '투명·청렴'이다. 독립적 청렴시민감사관제와 부패·비리 원스트라이크아웃제, 공정 승진·전보제, 참여예산제 등 다양한 공약이 이 바탕에서 나왔다.

그는 "당선시 최우선적으로 국민권익위원회 청렴도평가 최하위권에서 벗어날 수 있도록 할 것"이라며 "공정함 배움과 청렴한 대전교육을 만들겠다"고 말했다.

성 후보는 학생인권조례 제정에 대해 출마 후보들 중 유일하게 찬성하고 있다. 그는 "우선 조례는 서울, 경기, 전북, 광주, 충남에서 먼저 입법되어 별다른 문제없이 잘 시행되고 있고 학생생활규정을 인권 친화적이고 시대에 맞게 개정을 추진하는 효과도 있다"고 덧붙였다.

교육감에 대한 보수·진보 진영 구분에 대해선 "저는 중도진보 진영의 유일한 주자"라며 "진보교육을 표방한다는 것은 교육 발전을 위한 진보적 가치를 추구하는 것이며 정치적인 진보·보수 간의 진영 중 하나를 선택하여 교육적 가치를 추구한다는 것과는 다른 차원"이라고 했다.

그러면서 "누가 대전교육을 살릴 적임자인지 정책과 홍보물을 보고 냉정하게 판단해 주시기를 간청드린다"며 "그 적임자인 저에게 일할 기회를 달라"고 호소했다.

아래는 성광진 대전시교육감 후보와의 일문일답.

Q. 대전시교육감 출마를 결심한 배경은.

낙선 이후 출마를 생각하지 않고 대전교육연구소 활동에 주력하면서 대전교육발전에 도움이 되는 일들을 찾아보고 싶었다. 그런데 지난 선거가 나의 개인적인 바람이 아니라 대전교육에 변화를 원하는 학생, 교사, 학부모, 시민들의 바람이라는 것을 깨닫고 다시 출마를 결심하게 됐다.

현재 학교 현장은 급격한 변화를 겪고 있습니다. 학생들은 스마트폰 하나로 모든 지식을 검색할 수 있다. 이런 시대에 지식전달자로서의 교사 역할은 지극히 협소해졌다. 이러한 변화 속에서 교사의 전문가적 권위는 상당히 약화됐다. 하지만 교사는 학생들에게 지식뿐만 아니라 미래의 삶을 위한 방향을 제시하고 인생의 가치를 알려줄 수 있어야 한다.

따라서 현재의 관료주의적 시스템은 시대의 흐름과 맞지 않다고 생각한다. 그 시스템 안에 갇혀있게 되면 변화하는 교육환경을 느끼지 못하고, 대응도 어려울 수밖에 없기 때문이다. 저는 이러한 시스템을 변화시킬 것이다.

관료적이고 권위주의적인 학교 체제에서는 21세기 급변하는 세계에 대응하는 창의적이고 비판적인 인격체를 키울 수 없다. 학교는 학생과 교사가 자유롭고 민주적인 분위기 속에서 서로의 인격을 존중하고 배려하면서 학생들의 개성을 발견하고 역량을 키워주는 곳으로 전환해야 한다. 교사는 더 이상 단순한 지식전달자라 아니라 학생들이 살아갈 세상에 대한 자신만의 안목과 통찰력을 키워주는 조력자이자 안내자 역할을 해야 한다. 학교는 학생들에게 배움의 즐거움을 주고 학생 스스로가 독립적인 인격체가 되도록 도와주는 장소가 돼야 한다.

이를 위해서 학교라는 물리적 공간을 창의적인 배움에 맞게 재구조화하는 것도 중요하다. 이 밖에도 학교를 개방해 지역주민과 학교가 소통하고 함께 배움의 장으로 활용될 수 있기를 바란다.

Q. 현재 대전교육 어떻게 평가하는가.

대전교육은 ▲청렴도 6년 연속 전국 최하위권 ▲줄어들지 않는 지역별 교육격차 ▲스쿨미투 ▲권위적이고 관료적인 전시성 교육행정 ▲과밀학급 ▲학교 없는 도시개발 ▲코로나19 대응 시 책임 전가 ▲학생인권조례 미제정 등 여러 교육 민원이 산적해 있다.

이를 해결하기 위해 ▲조례 제정을 통한 시스템화된 청렴 문화 구축 ▲원도심 학교에 대한 적극적 투자 및 방과후학교 등 지원 강화 ▲스쿨미투 대책위원회 운영 ▲각종 시범·선도·모델·연구학교 등 공모사업 축소 ▲민주적인 학교 문화 조성 ▲학급당 학생 수 20명 이하로 감축 ▲신도시·재개발지구 적극적 학교 설립 및 증축 ▲시교육청 산하 감염병 컨트롤 센터 운영 ▲〈학생인권조례〉, 〈학교자치조례 제정〉 등의 정책이 긴요하다.

Q. 이번 선거의 핵심 공약은.

첫째, 참여와 소통으로 투명하고 청렴한 교육행정을 만들겠다. 이를 위해 ▲독립이 보장된 상시적인 청렴시민감사관제 운영 ▲교육부패·비리 원-스트라이크-아웃제 시행 ▲다양하고 공정한 승진·전보제도 구축 ▲사립학교 비리척결과 비리재단에 대한 강력한 제재 ▲참여예산제로 행정 투명성 강화 ▲교육 주체들(학생·교사·학부모)이 참여하는 정기적인 온·오프라인 교육수다방 운영 등을 공약했다.

둘째, 기초미달학생 없는 대전교육을 만들겠다. 이를 위해 ▲기초학력책임보장 지원팀 구성 ▲느린 학습자에 대한 진단 평가 실시 및 개별 맞춤형 지원책 마련 ▲보충수업 강사 지원 ▲학교 책임으로 기초미달학생 학업성취를 위한 보충수업 강화 등을 공약한다.

셋째, 학생 인권과 교사의 교육권을 책임 보장하겠다. 이를 위해 ▲〈학생인권조례〉 제정 ▲학생 대표의 학교운영위원회 참여 보장 ▲〈대전 학교자치 조례〉 제정 ▲학생회·학부모회·교사회·직원회 법제화 추진 ▲〈교권보호조례〉 제정 ▲교사의 교권 침해, 폭력 피해 등에 대한 교육청의 강력 대응 ▲교사 잡무 대폭 축소 ▲교원치유지원센터를 통한 상담과 치유 지원 강화 ▲교원배상책임보험 가입을 통해 정당한 업무 수행에 따른 사고에 대한 법률적 지원 ▲상시적 교원 상담 창구 운영 등을 공약했다.

Q. 당선 시 가장 최우선으로 추진할 과제는.

우선 폐쇄적이고 권위적인 교육청을 시민에게 돌려주고 소통하는 모습을 보여줄 것이다. 나아가 국민권익위원회 청렴도평가 6년 연속 최하위권에서 벗어날 수 있도록 독립이 보장된 청렴시민감사관제와 공익제보센터를 운영하여 '공정한 배움 청렴한 대전교육'을 만들 것이다.

산적한 지역 교육민원도 간과할 수 없다. 저는 교육 전문가로서 산적한 지역 교육민원을 해결하겠다. 교육격차 해소를 위해 신도시·재개발지구에 학교를 신축하거나 증축하고, 학교공간을 혁신하여 체육시설을 방과 후에 주민에게 개방하겠다. 또, 통학로 개선 사업을 통해 편리한 통학 환경을 조성하고, 학교 통합 및 학교 시설 복합화로 더 행복한 학교를 만들겠다.

Q. 최근 쟁점이 되는 학생인권조례 제정에 대한 후보자의 의견은.

저는 제정돼야 한다는 입장이다. 우선 조례는 서울, 경기, 전북, 광주, 충남에서 먼저 입법되어 별다른 문제없이 잘 시행되고 있다. 헌법과 아동보호에 관한 국제인권장전의 정신을 반영해 조례를 갖는 것만으로도 인권에 대한 교육적 효과가 있다. 또, 이 조례를 통해 학생들을 불합리하게 통제하는 학생생활규정을 인권 친화적이고 시대에 맞게 개정을 추진하는 효과도 있다. 학생 자치를 통해 '민주시민으로서의 자질 함양'이 이뤄질 수 있도록 지원하는 것도 주요 내용이다. 나아가 존중받으며 자란 사람이 타인도 존중할 줄 아는 법이다.

학생 인권과 교사의 권리가 충돌할 것으로 보는 것은 기우다. 오히려 학생에 대한 불합리한 지시와 제재 때문에 나타나는 교사와 학생 간 갈등 요인을 제거하기 때문에 사제 간 정이 더 두터워질 것이다. 학생이 교권을 침해하는 것은 '학생 인성'의 문제이지 기본권인 '학생 인권'의 문제가 아니다. 인성의 문제는 교육으로 해결해야 하는 것이지, 인권 침해와 강압적 통제를 통해 해결해야 하는 것이 아니다.

더욱이 저는 교권을 보호하기 위해 교권보호조례를 제정하고, 교사의 교권 침해와 폭력 피해 등에 대해서는 교육청 차원에서 강력 대응할 것이다. 나아가 교사의 잡무를 대폭 축소하고, 교원치유지원센터를 통한 상담과 치유 지원도 강화하겠다. 교원배상책임보험 가입을 통해 정당한 업무 수행에 따른 사고에 대한 법률 지원을 강화하고, 상시적 교원 상담 창구도 운영하겠다.

Q. 교육감 선거의 보수와 진보 진영의 구분에 대해 어떻게 생각하나.

저는 중도·진보 진영의 유일한 주자다. 학생인권조례 제정, 친환경무상급식, 스쿨미투 대책 마련 등 세 가지 측면에서 저는 다른 후보들과 차별화되어 유일하게 개혁적 성향을 가지고 있다.

진보교육을 표방한다는 것은 교육 발전을 위한 진보적 가치를 추구하는 것이다. 이것은 정치적인 진보·보수 간의 진영 중 하나를 선택해 교육적 가치를 추구한다는 것과는 다른 차원이다. 모든 학생과 학부모는 교육의 주체이고 저는 교육의 본질적 가치를 추구하고 현 대전교육의 문제점을 해결하고자 한다는 점에서 제가 추구하는 교육방향이 진보적임을 표방하는 것이다. 현실을 정확하게 진단하고 좀 더 발전된 교육을 모색하며 실사구시적 교육을 추구하겠다는 것이 제 교육철학이다. 6년 동안 국민권익위원회 평가 청렴도 전국 최하위권으로 대전교육을 수렁에 빠뜨린 설 후보에 맞서 저는 교육의 본질을 되찾고 청렴한 대전교육을 만들어낼 것이다.

Q. 마지막으로 유권자들에게 한 말씀.

존경하는 대전시민 여러분! 저는 공약만 거창하고 현실과 동떨어진 내용 없는 교육을 하지 않겠습니다.

현재 코로나19로 인해 학생들의 학력격차는 더 심해졌고 사회적 관계망에서 소외되어 방황하는 아이들이 많아졌다. 비대면 수업이 장기화되면서 아이들은 학생 간, 교사 간 사회적 상호작용과 사회적 관계 맺기에도 어려움을 겪었다. 비대면 수업으로 교사의 피드백을 받지 못하는 학생들은 학업성취에 더욱 어려움을 겪게 됐다. 특히 자기주도적 학습이 어려운 학생들의 학력미달은 심각한 상황에 처했다. 특히 맞벌이 부부, 저학년 학생의 경우 특히 이런 문제가 심각하다.

'행복한 학교 미래를 여는 대전교육'을 넘어 '공정한 배움 청렴한 대전교육'을 만들겠다. 또한, 진심을 다해 '꿈을 키우고, 미래를 설계하고, 삶을 가꾸는 교육'을 하겠다. 아이들의 건강, 학업 성취도, 사회성, 창의력 어느 하나도 놓치지 않겠다.

이제 대전교육도 시대의 변화에 발맞춰 따라갈 때다. 성광진은 절대 물러서지 않고 반드시 대전교육의 대전환을 이뤄내겠다.

 교육감 선거에 많은 관심을 가져주시고, 누가 대전교육을 살릴 적임자인지 정책과 홍보물을 보고 냉정하게 판단해 주시기를 간청 드립니다. 그 적임자인 저에게 일할 기회를 주십시오. 감사합니다.

『충청뉴스 2025.05.25.』

성광진 소장, 2026년 대전교육감 3번째 출마 결심은?

**27일 대입제도 개편안 관련 정책 토론회 좌장 맡아
진보 진영 교육단체 주최에 교육감 후보군 참여 '촉각'**

　진보 진영 후보로 두 차례나 대전교육감 선거에 출마했던 성광진 대전교육연구소장이 27일 대전시의회에서 '2028년 대입제도 개편안의 문제점과 대안'이란 주제로 정책 토론회에 참여하면서 2026년 대전교육감 선거의 신호탄을 쏘아 올릴 모양새다.

　성 소장은 2018년, 2022년 등 두 차례 교육감 선거에서 설동호 현 교육감에 패했고, 3번째 도전을 아직 결정하지 못한 상태다. 설 교육감은 4선 제한에 따라 이번 임기가 마지막이라 보수와 진보 후보 망라해서 10여 명의 후보군이 출마를 저울질 중이다.

　성 소장은 최근 계룡일보와 만나 "진보 후보의 경우 여러 정파가 모여 결정할 문제"라며 "후배들에게 기회를 줘야 한다는 생각도 있다"고 말했다.

　이날 정책토론회에는 더불어민주당 소속의 김민숙 대전시의원(비례)와 문성호 대전교육연구소 이사장 등 전교조 1세대들이 참석해 여러 정치적 해석을 낳고 있다.

　대전학부모연대, 대전참교육학부모회, 평등교육실현을 위한 대전학부모회, 대전교육희망네트워크 등 진보 진영의 교육 관련 단체가 주최에 이름을 올려 사실상 2026년 대전교육감 선거의 여론 수렴장이 될 전망이다.

『계룡일보 2024.08.25.』

[대담] 성광진 대전교육연구소장
"행복한 평생교육도시, 시민과 함께 만들겠다"

전시행정 폐기·교권 보호·학생 인권 조화
동서 교육격차 해소·기초학력 보장 체계 강화
사교육 의존 낮추고 민주·디지털 교육 기반 구축

　성광진 대전교육연구소 소장이 대전 교육의 미래 비전과 출마의 뜻을 밝혔다. 그는 "대전 교육은 지금 위기에 처해 있다"며 "교사·학생·학부모의 목소리를 담아 전시적이고 비합리적인 행정을 폐기하고, 협치 기반의 행복한 평생교육도시를 만들겠다"고 강조했다.

　성 소장은 32년간 국어교사로 교단에 섰으며, 1980년대 교육민주화 운동 과정에서 네 차례 해직을 겪었다. 전교조 대전지부 초대 사무처장과 지부장을 지내며 장애인교육권연대 창립, 사립학교 교원 권익 개선, 친환경 무상급식 조례 추진, 대전참여자치시민연대 공동의장 활동 등으로 지역 교육운동을 이끌어왔다. 그는 "수많은 투쟁과 협의, 협상을 통해 대화와 타협의 문화를 만들어왔다"며 "이제는 시민과 함께 교육청을 바꿀 때"라고 말했다.

　그는 가장 시급한 과제로 학교 내 갈등 구조를 꼽았다. "엄벌주의적 학교폭력 대책 이후 학교가 준사법기관처럼 변했다"며, 갈등 조정보다 처벌에 치우친 현 제도를 비판했다. 학부모-교사 간 통합 소통 플랫폼 구축, 갈등 중재 전문가 배치, 관계 회복 중심 대응 체계 마련 등을 대안으로 제시했다. 아울러 예술·체육 활동을 적극 지원해 학생들의 스트레스 완화와 교사·학생 관계 회복을 도모하겠다고 했다.

동서 교육격차에 대해서는 "30년간 답을 찾지 못한 고질적 과제"라고 진단했다. 그는 2006년 '지역교육격차해소 시민연대'를 발족했던 경험을 언급하며 "교육청이 취약지역 환경 개선에 예산과 정책을 우선 투입해야 한다"고 강조했다.

기초학력 보장 방안으로는 "전문 자격을 갖춘 기초학력·정서행동 위기 학생 지원교사를 교원 정원 외로 배치해야 한다"며, 조기 발견·중재·연계 기능을 수행하는 상설 시스템을 구축하겠다고 밝혔다. 사교육 의존도 완화를 위해 학습종합클리닉센터와 찾아가는 학습 코칭 서비스 확대, 소규모 학습동아리 활성화, 교사 멘토링 체계 강화 등을 약속했다.

교권 보호와 학교 자율성 강화를 위해서는 교권보호센터 상설화, 예방 교육·회복 프로그램 운영, 학교운영위원회 개선 등을 내세웠다. 그는 "교권은 법적 분쟁이 아니라 관계 회복으로 풀어야 한다"며 "교사·학생·학부모 모두 존중받는 학교 자치를 만들겠다"고 말했다.

또한 그는 교육재정 운용 방향을 묻는 질문에 "학생 안전 시설 개선을 최우선으로 하고, 전시성 사업을 과감히 없애겠다"고 답했다. 석면 교체, 내진 보강, 냉난방 환경 개선 등 안전 투자를 최우선으로 하겠다는 방침이다.

학생 인권과 안전 대책으로는 학생 참여예산제, 대전 학생회 네트워크, 교육감 원탁회의를 통한 정책 참여 보장, 학폭 신속대응팀 운영, 치유학교 설립 등을 제시했다. 성폭력 대책으로는 '원스트라이크 아웃제' 도입과 성평등 연수 강화를 약속했다.

교사의 정치 참여에 대해서는 "교사도 국민으로서 정치 기본권을 보장받아야 한다"며 "근무시간 외 정당 가입·후원은 허용해야 한다"고 밝혔다. 다만 교실에서는 중립을 지켜야 한다는 원칙도 제시했다.

AI 교과서와 디지털 교육에 대해서는 "졸속 도입은 안 된다"며 신중론을 펼쳤다. 대신 AI교육진흥과 신설, 대학-연구소-산업체 공동 프로그램 개발, 웹기반 학습 인프라 확충으로 현실적 활용을 지원하겠다고 했다.

그는 민주교육의 가치를 "경쟁과 능력주의를 넘어 공존·연대·협력의 삶을 가르치는 것"이라고 정의하며, 민주시민 교육 전담기관 '미래시민교육원(가칭)' 설립을 제안했다. 노동·인권·성평등·생태·평화·세계시민의식 등 주제별 상시교육 체계를 통해 학생들이 글로벌 시민 역량을 갖추도록 하겠다는 구상이다.

한편, 성광진 소장은 지난 2018년 민주진보 단일후보로 대전 교육감 선거에 나서 47%의 지지를 얻었으며, 2022년 선거에서도 30% 지지를 확보한 바 있다. 그는 "과거 성원에 걸맞은 성과를 내지 못했다면 이번에는 반드시 시민의 기대에 부응하겠다"며 "행복한 평생교육도시 대전을 위해 혼신을 다하겠다"고 말했다.

『굿모닝충청 2025.09.17.』

[인터뷰] 성광진 대전교육연구소장
"대전 교육, 권위주의 행정 벗고 학교 지원 중심 바꿔야"

"가장 청렴하고 민주적이며 혁신적인 모델로 만들 것"

성광진 대전교육연구소장은 18일 〈더팩트〉와의 인터뷰에서 "대전 교육이 근본적으로 바뀌어야 한다"며 "권위와 실적 중심의 낡은 행정을 끝내고 학생 모두의 성장을 지원하는 미래 교육으로 나아가야 한다"고 강조했다.

성 소장은 1980년대 교육민주화운동 과정에서 네 차례 해직과 복직을 겪은 경험이 자신의 교육철학의 뿌리가 되었다고 말했다.

그는 "행동하지 않으면 바뀌지 않는다'는 신념으로 교권 향상, 무상급식 도입, 사학 비리 문제 해결 등에 시민사회와 함께해왔다"며 "교육청은 지시·감독 기관이 아니라 학교 현장을 지원하는 기관이 되어야 한다"고 강조했다.

이어 교육 혁신의 핵심 과제로 △학교자치조례 제정 △참여형 정책숙의제와 참여예산제 확대 △학생 참여 보장 등을 통한 '참여와 협력'의 제도화를 제시했다.

코로나19 이후 심화된 학력 격차와 교권 침해 문제에 대해서는 맞춤형 학습 지원 체계, AI 튜터 도입, 교권보호조례 제정, 갈등 중재 전문가 배치 등을 해법으로 내놓기도 했다.

특히 성 소장은 학령인구 감소에 따른 학교 통폐합 문제와 관련해 "소규모 학교를 특성화하고 지역과 상생하는 모델로 바꿔야 한다"며 "폐교가 불가피하다면 지역의 평생학습 거점으로 활용하겠다"고 밝혔다.

끝으로 성광진 소장은 "대전 교육을 전국에서 가장 청렴하고 민주적이며 혁신적인 모델로 만들겠다"며 "아이들이 기쁘게 배우고 교사들이 즐겁게 가르치는 희망의 학교를 시민들과 함께 만들고 싶다"고 말했다.

다음은 성광진 대전교육연구소장과의 일문일답.

Q. 교직에서 해직과 복직을 여러 차례 겪은 것으로 안다. 그 경험이 오늘의 교육철학에 어떤 영향을 줬는가?
1980년대 후반 교육민주화운동에 참여하면서 네 번에 걸친 해직의 고초를 겪었다. 이 험난한 과정은 나에게 '행동하지 않으면 바뀌지 않는다'는 신념을 심어주었다. 이러한 경험은 단순히 개인적인 시련에 그치지 않고 이후 삶을 바꾸어 놓았다.

이 경험을 통해 교육 현장의 문제를 해결하기 위해서는 교실 안에서의 노력만으로는 한계가 있고 더 넓은 연대를 통해 시스템을 변화시켜야 한다는 것을 절실히 깨달았다.

교육 주체는 학생과 교사다. 이들이 편안하게 학습할 수 있는 학교를 만들어야 한다. 해직과 복직을 거듭하며 나는 소외된 장애인 교육, 비리 사학 문제, 교권 향상, 무상급식 도입 등 교육 현장의 구조직 문제점을 해결하기 위해 시민사회와 연대하며 끊임없이 교육운동의 지평을 넓혀왔다. 이 경험은 교육청이 지시하고 감독하는 권위적인 기관이 아니라 학교 현장의 자율적인 교육 활동을 철저히 지원하고 협조하는 기관이 되어야 한다는 확신으로 이어졌다.

Q. 줄곧 '참여와 협력'을 강조해온 것으로 안다. 교육감이 된다면 어떻게 제도화할 계획인가?

지금껏 줄곧 '참여와 협력'을 교육의 핵심 가치로 강조해왔다. 교육 공동체 모두가 주인이 되는 학교를 만들자는 것이 주장이고, 이를 위해 '참여와 협력'이 필요하다.

구체적으로 말하자면 첫째, '대전학교자치조례'를 제정해 학생회, 학부모회, 교사회, 직원회의 법적 지위를 보장하고 학교의 민주적인 운영을 지원하고 이를 통해 학교 구성원들이 학교 운영에 자주적으로 참여하는 학교 문화를 정착시키겠다.

둘째, '참여형 정책숙의제'를 운영해 교육 현장에 큰 영향을 미치는 정책은 수립 단계부터 교사, 학생, 학부모 대표들과 함께 논의하고 결정하도록 하겠다. 또한, '참여예산제'를 실질적으로 강화해 시민과 전문가 그룹의 참여를 확대하고 위원회에 예산안 조정 권한을 부여해 재정민주주의를 구현하겠다.

셋째, 학생들의 참여를 실질적으로 보장하겠다. 학교운영위원회에 학생 대표의 참여를 보장하겠다. 또 학교별로 '학생 주도 자율 예산' 제도를 도입해 학생과 직접 연관된 학생회 운영이나 학교 축제 등에서는 학생회가 예산을 논의하고 집행하도록 하겠다.

Q. 대전교육연구소장을 지내며 현장의 목소리를 꾸준히 수렴해왔다. 현장에서 가장 절실하게 나온 요구는 무엇인가?

현장에서 가장 절실하게 들었던 목소리는 '학교가 본연의 교육활동에 전념할 수 있게 해달라'는 것이었다.

교사들은 실적 및 전시성 위주의 행정 업무와 잡무에 시달리며 교육에 대한 열정을 잃어가고 있다고 호소하고 있다. 교육청 주도의 각종 시범·선도·연구학교 사업들이 교육관료나 승진을 희망하는 일부 교사에게만 유용할 뿐 대다수 교사에게는 업무 부담만 가중시키고 예산을 낭비하는 비교육적 활동이라는 비판이 많았다.

또한, 학교폭력, 교권 침해, 아동학대 신고 등으로 인한 법적 분쟁이 급증하면서 학교가 교육적 기능을 상실하고 준사법기관처럼 변질되고 있다는 우려가 컸다. 엄벌주의적 대책이 오히려 갈등을 키우고 있어 처벌이 아닌 관계 회복 중심의 근본적인 해결책과 교육청의 적극적인 지원을 요구하는 목소리가 높았다.

Q. 학령인구 감소, 지역 소멸 위기 속에서 학교 통폐합 논란이 크다. 진보 교육감 후보로서 어떤 대안을 제시할 것인가?

학령인구 감소와 지역 소멸 위기 속에서 학교 통폐합은 매우 신중하게 접근해야 할 문제다. 일방적인 통폐합이 아닌, '작은 학교'를 혁신하고 지역과 상생하는 모델이 되었으면 한다.

첫째, 소규모 학교를 '특성화'하고 '미래형 교육' 모델로 운영해 교육 자원을 효율적으로 활용하고 해당 학생들에게 미래사회에 잘 적응할 수 있는 모범적인 교육과정을 제공하겠다. 그래서 다른 학군 지역에서도 학생들이 입학을 요청하는 학교로 만들어가겠다.

둘째, 소규모 학교를 지역 공동체의 중심으로 만들겠다. '마을-학교 협력형 교육' 프로그램을 추진해 학교와 마을을 연계하겠다.

셋째, 그래도 폐교가 이루어진다면 유휴 공간은 '미래 도시 학교'나 마을 배움터로 혁신해 지역사회 전체의 평생학습 허브로 만들겠다.

Q. 코로나19 이후 드러난 학력 격차 문제를 어떻게 바라보고 있나. 성적 중심 해법 외 제시할 방법이 있는가?

코로나19 팬데믹을 겪으며 드러난 학력 격차는 매우 심각한 문제다. 나는 성적 중심의 해법을 넘어 모든 학생의 성장을 지원하는 다각적인 접근이 필요하다고 본다.

먼저, '기초학력 책임 보장'을 위한 맞춤형 지원 체계를 구축하겠다. 느린 학습자를 포함하여 지원이 필요한 학생을 조기에 진단하고, 학습전문상담사, 학습코칭지원단, 사제멘토링 등을 통해 1대 1 맞춤형 지원을 강화하겠다.

학생 개개인의 성장 과정을 종합적으로 지원하는 시스템도 만들겠다. 모든 학생에게 'AI 튜터'를 배정해 학습 데이터뿐만 아니라 정서 상태, 진로 희망까지 분석하고 '나만의 성장 목표'를 설정해 자기주도적 학습 능력을 키우도록 돕겠다. 단순한 성적 향상을 넘어 학생의 잠재력을 극대화하는 근본적인 해법이 될 것이다.

Q. 교권 침해와 관련해 여러 가지 사건사고가 많았다. 어떻게 바라보고 있고 어떤 해법을 갖고 있는지 궁금하다.

서이초 사건 이후 교권 침해 문제는 우리 교육 공동체 전체의 시급한 과제가 되었다. 교사가 존중받고 교육에 전념할 수 있는 환경을 만드는 것이 무엇보다 중요하다. 다음과 같은 해법을 제시하고 싶다.

먼저 '교권보호조례'를 제정하여 교사의 정당한 교육활동을 법적으로 보호하고 교육활동 침해 사안에 대해 교육청이 강력하게 대응할 수 있는 근거를 마련해야한다.

둘째, 교육청 직속으로 갈등 중재 전문가를 배치하고, 신속대응팀을 구성해 학교 현장 갈등을 초기에 중재하고 법률 및 행정 지원을 강화해야한다. 이를 통해 학교가 법적 분쟁이 아닌 관계 회복에 집중할 수 있도록 돕도록 해야한다.

셋째, '교사-학부모 간 소통 플랫폼'을 교육행정시스템과 통합해 운영함으로서 소통 창구를 일원화하고 교육 공동체 간 신뢰를 회복해 나가야 한다.

Q. 대전 교육에서 가장 시급한 혁신 과제 한 가지를 꼽는다면?

대전 교육의 가장 시급한 혁신 과제는 권위주의적이고 관료주의적인 교육행정 시스템을 타파하고 교육청을 '학교 지원 중심' 기관으로 완전히 재편하는 것이다.

지난 12년간 대전 교육은 전시성·실적 위주 행정으로 교사들을 잡무에 시달리게 하고 학생 수요 예측 실패로 학교 신설 민원을 야기하는 등 많은 문제점을 드러냈다. 또한, 국민권익위원회 청렴도 평가에서 6년 연속 최하위권을 기록한 것은 대전 교육의 신뢰가 얼마나 무너졌는지를 보여주는 상징적인 사건이다.

만일 교육감이 된다면 모든 보여주기식 사업과 불필요한 행사를 폐지하고, 교사들의 잡무를 완전히 없애 오직 학생 교육에만 전념할 수 있는 환경을 만들 것이다. 학교에 대한 실질적인 지원을 강화하고 독립성이 보장된 '시민감사관제'를 도입해 투명하고 청렴한 교육행정을 실현하겠다.

Q. 마지막으로 대전시민들께 한 말씀.

32년간 교사로, 그리고 교육운동가로 오직 대전 교육의 발전을 위해 한 길을 걸어왔다. 네 번의 해직이라는 고난 속에서 나는 도리어 우리 아이들에게 희망을 주는 학교, 교사와 학생이 행복한 교실을 만들고 싶다는 간절함을 갖게 됐다.

이제 대전 교육은 근본적으로 바뀌어야 한다. 권위와 실적 중심의 낡은 교육을 끝내고, 학생 모두의 성장을 지원하는 미래 교육으로 나가야 한다. 나는 학교 현장을 가장 잘 아는 교육 전문가로서, 교육청을 지시하고 감독하는 기관이 아닌, 학교와 교사를 섬기고 지원하는 기관으로 완전히 탈바꿈시켜야 한다.

대전 교육을 전국에서 가장 청렴하고, 가장 민주적이며, 가장 혁신적인 교육의 모델로 만들고 싶다. 아이들이 기쁘게 배우고, 선생님들이 즐겁게 가르치는 '희망의 학교'를 시민들과 함께 만들고 싶다.

『더팩트 2025.09.19.』

[충남일보가 만난 사람] 성광진 대전교육연구소장
"권위주의, 관료주의적 지역교육 변화 절실"

대전교육연구소 성광진 소장은 지난 수십 년간 교육민주화 운동과 현장 연구를 통해 지역 교육의 변화를 모색해온 인물이다.

그는 2006년 교사들이 뜻을 모아 세운 대전교육연구소를 이끌며, 교사와 학생의 삶을 들여다보고 지역 교육격차 해소와 코로나19 이후의 교육 방향 등 다양한 주제를 연구하며 현실적인 대안을 고민해왔다.

내년 교육감 선거 출마 의지를 밝힌 성 소장은 직업계고 혁신, 청년 일자리 창출, 평생교육체제 구축 등 지역 소멸 위기에 대응할 교육 대안을 강조하고 있다. 학교폭력 대응에서도 '엄벌주의'가 아닌 관계 회복 중심의 해결을 주장하며, 권위주의·관료주의 교육행정을 벗어나 교사·학생 중심의 교육을 만들고 싶다는 그의 바람이 묻어난다.

이번 만남에서 그가 걸어온 길과 앞으로의 비전을 통해 대전교육이 나아가야 할 방향을 짚어봤다.

_〈편집자 주〉

Q. 대전교육연구소에 대해 소개해 달라.

사단법인 대전교육연구소는 지역의 현장 교사들이 중심이 돼 2006년 창립했다. 이 시기는 신자유주의적인 교육 정책으로 교육계가 많은 혼란을 겪은 시기였다. 교원평가가 도입되고 입시경쟁교육이 더욱 강화되고 있었다. 이런 상황에서 인간교육을 추구해 교육의 공공성을 강화하는 정책 대안을 제시하기 위해 노력해왔다.

특히 지역교육 정책을 분석하고 비판해 새로운 대안을 제시하는 데 노력을 경주했다. 초창기에는 핀란드와 네덜란드, 독일의 교육 체계의 연구를 통해 새로운 교육의 방향을 모색했다. 매년 세미나와 토론회, 강연을 통해 미래 교육을 위한 다양한 문제에 대안을 제시했다.

가장 중요한 연구는 '대전지역 교사와 학생의 의식 및 생활실태'를 파악하기 위한 연구와 대전의 동서부 교육격차에 대한 연구로 이는 지역 교육계의 이슈가 되기도 했다. 2020년 이후 최근 연구 주제로는 '코로나19 사태 이후의 교육이 나아가야할 방향', '도시 개발에 따른 학교 설립의 문제점과 추진 방향', '사교육비가 저출산에 미치는 영향 분석과 대안 모색', '실질적 교육권 보장을 위한 해법 모색', '대전교육감의 주요 공약 추진의 문제점과 대안 모색' 등이 있다.

Q. 경제 문제와 청년인구 감소 등 지역의 어려움이 많다. 교육 차원에서 대책은 있는지.

지역 소멸 차원에서도 대전교육은 위기다. 고등학교 졸업자들 가운데 웬만한 성적 상위학생들은 줄줄이 수도권으로 간다. 이들의 학비와 생활비, 또 졸업 이후 정착 비용이 대전을 빠져나간다. 지역에서 직업계고등학교를 졸업한 학생들도 지역에 취업할 마땅한 곳을 찾기 어렵다고 한다. 그렇다보니 직업계고 학생들이 전체 고등학생의 10%로 줄어들었다. 지역의 대학을 졸업하더라도 자신의 진로와 희망을 지역에서 찾지 못하고 있다.

지금부터 지역 소멸을 막고, 행복하게 공부하는 교육도시를 만들 수 있는 거버넌스(협치)를 만들어야 한다. 청년들이 지역에서 희망을 실현할 수 있도록 해야 한다. 교육청과 시청, 지역대학, 시민단체들이 협의해 급변하는 시대에 누구나 성공적인 적응이 가능한 평생교육체제를 만드는 것도 고민할 때가 됐다.

직업계고교를 혁신해 고급 기술인력을 양성하고, 직업계고교와 지역대학의 졸업자들을 위한 양질의 일자리를 만들어야 한다. 이를 위해 교육청이 앞장서 대학과 기업체, 지자체와 협의체를 만들어 대책을 세우고 실천해야 한다.

Q. 지역 학교의 가장 큰 애로사항과 그 대책은 무엇이라고 보시는지?

학교는 학교폭력, 교권 침해, 아동학대 신고 등으로 인한 각종 고소와 고발로 몸살을 앓고 있다. 엄벌주의적 학교폭력 대책이 시행된 후, 학교 내 갈등이 법적 분쟁으로 확대되는 경향을 보이고 있다. 피해자와 가해자 모두가 법적 다툼에 집중하게 되면서, 학교는 본연의 교육적 기능을 상실하고 준사법기관처럼 운영되고 있다. 근본적인 문제해결을 위해서는 학교가 처벌하는 기관이 아니라, 관계 회복을 통해 인격적으로 성장할 수 있도록 해야 한다.

또 사안이 발생하기 전에 예방하는 것이 무엇보다 중요하다. 각종 문제 사안을 예방하기 위해서 학부모와 교사의 소통 창구뿐만 아니라, 학부모의 학교 방문 등을 하나의 플랫폼에서 통합 운영하도록 해야 한다. 현재의 교육행정시스템과 통합된 교사-학부모 간 소통 채널을 마련해 교육 공동체 간의 신뢰를 회복하도록 도와야 한다.

더불어 학교가 갈등을 효과적으로 중재할 수 있도록 교육청 차원에서 갈등 중재 전문가를 적극적으로 배치해 지원 체계를 마련해야 한다. 법적 대립이 아닌 관계 회복을 중심으로 한 갈등 대응 체계를 만들어야 한다.

Q. 대전교육의 문제점은 무엇이고 앞으로 어떻게 변화해야 할까?

지역교육의 권위주의적이고 관료주의적 시스템 변화가 절실하다. 교육행정의 핵심은 교실에서 아이를 잘 가르치는 데에 있고, 이를 지원하기 위해 정책이 있는 건데 현재 대전교육은 그게 거꾸로 돼 있다. 교사와 학생은 정책과 사업을 시행하기 위한 수단으로 뒤바뀐 것이다. 그래서 아직도 잡무에 시달리는 교사들의 고통이 계속되고 있다.

모든 권위주의와 보여주기식 교육을 타파하고 싶다. 교사, 학부모, 학생에 기반을 둔 정책이나 사업이 아니라면 과감히 없앨 것이다. 이것이 앞으로 대전교육이 해결해야 할 과제라고 생각한다.

Q. 내년 대전교육감 선거에 출마할 계획이 있는 것으로 안다.

저는 1989년부터 교육민주화운동으로 네 번에 걸친 해직의 고초를 겪고 1999년 전국교직원노동조합 대전지부의 초대 사무처장을 지냈고, 이후 전교조 대전지부장으로서 교육현장의 문제 해결을 위해 노력했다.

2005년에는 장애인단체, 시민, 학부모들과 함께 대전장애인교육권연대를 창립해 시교육청과 협의회를 구성하고 장애 학생들에게 평등한 교육기회를 제공하는 데 앞장섰다. 또 지역 22개 시민단체들이 참여한 '학교급식지원 조례제정 주민발의를 위한 대전시민연대'를 결성해 대전지역 최초로 주민발의를 통해 조례 제정을 추진, 무상급식 토대를 마련하기도 했다.

끊임없이 교육운동의 지평을 넓힌 것이 경력이 됐고, 장점이라 생각한다. 교육감을 단순한 행정가로 보지 않는다. 교육감은 현실 문제를 파악하고 미래를 내다보고 교육의 정책방향을 설정하는 선구자가 돼야 한다. 지역사회와 교감하고 다양한 교육의 문제점을 지적하고 개선 방향에 대해 앞장서 나가고자 했던 본인이 대전교육을 이끌 적임자라 본다.

『충남일보 2025.09.23.』

성광진
"두 번 실패 좋은 학습, 준비된 교육감"

성광진 대전교육연구소 소장, 대전교육감 선거 단골손님이다. 지난 2018년, 2022년 선거에서 두 번 패배했지만, 그동안 그가 뿌린 진보 교육감이라는 씨앗이 이제는 결실을 맺을지 관심이다.

4일 오후 『디트뉴스24』와 만난 성 소장은 최근 여론조사에서 선두를 달리고 있는 것에 대해 "고무적"이라고 하면서도 "아직은 모르는 것"이라며 겸손했다. 그래도 지난 선거와 달리 최근 여러 여론 조사에서 9월~10월 지지율이 10% 이상 나온 것에 대한 희망은 감출 수 없었다.

'두 번이나 낙선했는데 그만하고 다른 사람에게 양보해야 한다' 일부 의견에 대해서도 "두 번의 실패를 통해서 많은 공부를 했다. 다시 새롭게 도전해서 갖고 있는 생각을 좀 제대로 실현해 보고 싶은 마음이 더 강해졌다"는 의지를 보였다.

성 소장은 진보라 불리는 다른 출마 예정자들과의 단일화도 "일부에서 내가 단일화를 반대한다는 말이 있는데 사실이 아니다. 지난 2018년 단일화를 추진하는 과정에서 불거진 갈등과 상처들을 보면, 후보들이 승복할 수 있는 공정한 틀과 규칙을 만들어야 한다고 얘기한 것"이라고 설명했다.

또 성 소장은 '진정한 진보 교육감이란 무엇인가'라는 질문에 "기존의 교육 관료를 끊어낼 수 있는 자질과 능력이 있는 사람, 그래서 진보 정책을 성공적으로 구현할 수 있는 사람"이라고 정의했다.

이외에도 그는 (가칭)미래시민교육원 설립을 통해 성·통일·노동·인권 등 보편적 가치 교육, 학교 비정규직과 합리적인 노사관계 구축, 교사정치기본권 보장 등의 견해를 밝혔으며, 32년간의 국어 교사 재직과 그동안의 교육 운동을 바탕으로 현장을 두루 잘 아는 자신이 대전교육감의 적임자임을 자신했다.

한편, 성 소장은 오는 26일 오후 7시 기독교연합봉사회관 연봉홀에서 '진짜 대전교육 준비된 동행' 북콘서트을 열고 내년 대전교육감 선거 출마 의지와 행보를 본격화 할 예정이다.

다음은 성광진 대전교육연구소장과의 일문일답

Q. 지난해 12.3 비상계엄 사태 관련 교육계에서도 여러 성찰이 나왔다. 앞으로의 교육에 필요한 것은 무엇인가.

"비상계엄 사태에 대한 직접적인 논평은 차치하고, 새로운 시대를 맞아 우리 교육이 나아가야 할 방향에 집중해야 한다. 앞으로의 교육은 인공지능(AI) 시대에 대응해 아이들에게 창조적 상상력을 키우는 것에 중점을 둬야 한다.

새로운 사회의 흐름을 익히고 다양한 체험을 할 수 있도록 지역과 함께하는 교육을 추진하며, 성, 통일, 노동, 인권 등에 대한 민주시민교육을 전문가들과 함께 강화해 전인적인 교육을 위해 노력할 것이다.

이를 위해 미래시민교육원(가칭)을 설립해 성평등과 학생 인권, 노동인권, 생태환경, 평화, 세계시민의식, 장애인식 등 인류 보편적 가치를 지향하는 주제들을 체계적이고 지속적으로 교육할 계획이다."

Q. 지금 학교는 다양한 직종이 공존하는 작은 사회다. 교육청과 학교 비정규직 간의 갈등이 적지 않은데 이를 어떻게 해결해야 하나.

"학교 구성원 간의 갈등은 합리적인 노사관계 구축을 통해 해소해야 한다. 교육 관련 노동조합 및 단체와의 교섭과 협의를 정기적으로 진행해 교직원의 근무 여건을 개선하고 소통과 공감의 노사 문화를 정착시킬 것을 약속드린다.

더 나아가 전국의 교육 노동자 근무 조건을 분석해 선진적인 근무 여건 개선에 노력하고, 현장의 요구와 이해를 반영하여 교육정책을 입안해야 한다."

Q. 내년 대전교육감 선거에서 진보 진영 '후보 단일화'가 관전 포인트가 될 것이란 전망이다. 단일화 생각과 그 방법 등에 고민한 바가 있나.

"단일화는 변화를 위한 중요한 과정이다. 지난 2018년의 단일화의 과정을 살펴볼 때, 예비후보 등록 이전에 단일후보를 선출해야 한다는 생각이다. 단일화 기구가 후보들이 승복할 수 있는 공정한 틀과 규칙을 만들어야 하며, 후보들도 선의의 경쟁과 노력을 해야 한다."

Q. 말이 나온 김에 진보라 불리는 기준이 뭔가? 어떤 사람이 진보 교육감 후보인가.

"대부분 '그가 과연 어떠한 삶을 살았느냐'로 판단한다. 그것도 중요하다. 그다음에는 기존의 교육 관료들에 둘러싸여 매몰되지 않고, 휘둘리지 않고, 그것을 끊어낼 수 있는 자질과 능력과 힘이 있어야 한다. 그래서 진보 정책을 제대로 구현시킬 수 있어야 진정한 진보

교육감이라 할 수 있지 않나. 그런 면에서 볼 때 저는 충분히 자신 있다."

Q. 두 번이나 낙선했는데 그만하고 다른 사람에게 양보해야 한다는 소리도 있다.

"알고 있다. 두 번의 실패를 통해서 많은 공부를 했다. 그것을 헛되이 하고 싶은 마음이 없다. 더 새롭게 도전을 해서 내가 갖고 있는 생각을 제대로 실현해보고 싶다는 생각이 더 강해졌다. 실패도 학습이다. 성공을 위해서 좋은 학습을 한 것이다."

Q. 이재명 정부 들어 '교사정치기본권' 보장 논의가 활발하다. '보장' '신중' '반대' 등 어떤 입장인가.

"교사 정치기본권 보장은 반드시 필요하다는 입장이다. 정당법에 따라 16세 이상 국민은 정당 가입이 가능하며 학생의 정치활동도 법적으로 보장받는 권리인데, 유독 교사 공무원들만 이 권리가 주어지지 않고 있다.

특히 근무 시간 이외에는 정치적 활동을 할 수 있도록 보장돼야 하며 공직선거 출마, 정당 가입, 정치자금 후원 등의 정치적 기본권 보장이 이뤄져야 한다. 이미 대학교수들은 이 권리를 누리고 있다는 점을 고려해야 한다.

Q. 근래 대전교육은 교사 피습, 학생 사망, 성비위 등 위기가 끊이지 않고 있다. 총체적인 문제점은 무엇이라 생각하나?

"대전교육의 총체적인 문제점은 권위주의적이고 관료주의적인 시스템과 전시 행정 및 실적 위주의 교육에 있다. 이로 인해 아이들을 잘 가르치는 교육활동이 뒷전이 됐고, 교사와 학생은 정책 수행의 수단으로 전락했다.

또 하나 매우 심각한 것은 낮은 청렴도다. 대전교육청은 국민권익위원회 청렴도 평가에서 오랫동안 최하위권을 맴돌았으며, 이는 대부분 교육청의 비리와 관련된 것 때문이다.

다음으로 교육계 내 갈등이 제대로 조정되지 못하고 분출되거나 법적 분쟁으로 비화하고 있는 상황에서 교육청의 무능은 더욱 문제를 키웠다. 최근 대전둔산여고 급식 문제나 고 김하늘 양 사망 사건, 코로나 팬데믹 상황 등에서 보여준 교육청의 역할은 매우 미흡했다.

Q. 마지막으로 교육감 출마를 결심한 본인만의 강점을 말해 달라.

32년간 국어 교사로 재직했고, 전교조를 통해 교육 운동을 하면서 우리 교육의 문제점을 두루 살펴볼 수 있었다는 것이 강점이다. 또 2016년부터는 대전교육연구소 소장으로 교육정책에 대한 식견을 넓힐 수 있었다. 학교 현장을 두루 잘 아는 전문가라는 점과 교육 운동가토서 대전교육의 비리와 문제점을 비판하고 바로잡기 위해 노력했다.

교육감은 단순한 행정가가 아닌 현실 문제를 파악하고 미래를 내다보며 교육정책 방향을 설정하는 선구자가 돼야 한다. 끊임없이 교육 운동의 지평을 넓힌 것이 경력이자, 대전교육을 이끌 적임자라는 확신을 주는 강점이다.

『디트뉴스24』 이미선 기자. 2025.11.04.

에필로그

동행을 향한 마침표, 그리고 새로운 시작

이 책을 덮는 순간, 지난 40여 년간 걸어온 교육 민주화의 여정이 파노라마처럼 스쳐 지나갑니다.

1985년 교단에 선 이후, 다섯 번의 해직과 6년간의 고독한 투쟁, 전교조 합법화와 사학 비리 척결을 위한 지난한 싸움, 무상급식, 장애인의 교육기회 확대 등을 위해 차가운 길을 걸어갔습니다. 어떤 순간은 좌절하기도 했지만, 그때마다 저를 일으켜 세운 것은 '진짜 교육은 가능하다'는, 단 하나의 흔들림 없는 믿음이었습니다.

이 책은 그 모든 투쟁과 동행의 순간들을 함께 해주신 대전 시민과 동료 교사 여러분께 드리는 감사의 헌사입니다.

왜 우리는 아직도 고통 받아야 하는가?

저는 끊임없이 질문해 왔습니다. 왜 우리의 아이들과 선생님들은 고통 받아야 합니까?

교육을 살리기 위해 만든 정책이 오히려 교사를 '잡무'의 늪에 빠뜨리고, 아이들을 '보여주기식 성과'의 수단으로 전락시키는 지금의 권위주의적이고 관료적인 교육행정 시스템을 타파하지 않고서는, 대전 교육의 미래는 없습니다.

정책과 사업을 시행하기 위해 교사와 학생을 수단으로 뒤바꿔버린 현재의 구조적 문제를 깨는 것이 제가 이 책을 통해 가장 강력하게 외치는 메시지입니다.

이 책에 담긴 내용은 오랜 세월 현장에서 체득한, "아이를 중심에 둔 교육"으로 돌아가자는 저의 간절한 외침이며, 모든 권위주의와 보여주기식 교육을 과감히 없애겠다는 약속입니다. 교사, 학부모, 학생이 기반을 둔 정책이 아니라면 저는 과감히 폐지할 것입니다.

행복한 교육의 미래를 향해 저는 '준비된 동행'을 약속합니다. 교사가 행정 잡무에서 벗어나 오롯이 수업과 아이들의 성장에 집중하도록 교육행정 시스템을 혁신하고, 학교와 가정 간의 신뢰를 회복하는 통합 플랫폼을 마련하며, 갈등을 법적 다툼이 아닌 '관계 회복'으로 중재할 전문가 지원 체계를 갖추는 일. 그리고 대전의 특장점인 과학기술 인프라를 활용해 미래 인재를 길러내는 과학교육 도시로서의 위상을 높이는 일.

이 모든 것은 책상 위에서 쓴 탁상공론이 아닌, 지난 40년간 현장의 눈물과 요구를 담아 빚어낸 로드맵입니다. 저는 대전교육이 아이들에게 배움의 즐거움을 돌려주는 곳으로, 교사들이 가르침의 보람을 찾는 곳으로 되돌아가게 할 것입니다.

이제, 지나온 교육에 마침표를 찍으며

저의 도전은 계속될 것입니다. 승리와 패배를 넘어, 제가 이 길을 걷는 단 하나의 이유는 '오늘이 행복한 학교'를 만드는 것입니다.

이 책이 여러분의 손에 닿았다면, 이제 저 혼자만의 투쟁이 아닌, 우리의 동행이 시작된 것입니다. 저와 손을 잡고, 진짜 대전교육을 향한 이 희망의 여정에 함께 해주시길 간절히 부탁드립니다.

우리의 아이들에게, 우리 스스로에게 부끄럽지 않은 교육을 만들어 나가는 길에 여러분이 가장 든든한 동행자가 되어 주시리라 믿습니다.

감사합니다.

성광진 드림

성광진 교육 칼럼집

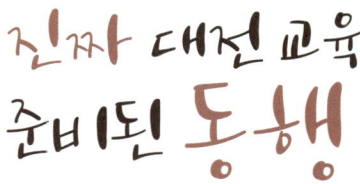
진짜 대전 교육 준비된 동행

펴낸날　2025년 11월 26일
글쓴이　성광진

만든곳　모두의책
등록번호　제 25100-2015-000001호
주 소　대전광역시 중구 문창로 37
전 화　(042)223-1507　/　**FAX**　(042)716-1515
홈페이지　www.modubook.kr
E-mail　modubook@modubook.kr

ISBN　979-11-92919-25-6

* 책값은 뒷표지에 있습니다.
* 이 책의 전부 또는 일부를 사용하는 것은 저자와 출판사의 동의를 얻어야 합니다.
* 잘못된 책은 구입처에서 교환해 드립니다.